国家宏观战略中的关键性问题研究丛书

# 基于产业知识图谱的区域产业关联分析研究

彭 敏 等◎著

科学出版社

北京

## 内 容 简 介

本书针对既定区域空间单元在谋划产业发展、制定产业规划和配置政府要素资源过程中面临的产业本底不清、产业预测不准、产业实施不力与各地产业同质同构等问题，聚焦区域产业关联效应的趋势分析研究，通过计算机科学、数据科学、产业经济学、区域经济学、空间经济学等学科知识与方法的交叉融合，探索既定区域空间单元的产业链本底精准评估、区域产业发展的精准预测和精准实施等，推动各区域实现按比较优势发展，形成各具特色、与时俱进、包含不同空间尺度和不同层次的产业链循环系统与新发展格局。

本书适合公共政策理论、产业经济学中的区域经济和产业经济实证研究学者参考阅读，也可为各级政府重大决策的制定与部署提供理论依据与借鉴参考。

**图书在版编目(CIP)数据**

基于产业知识图谱的区域产业关联分析研究/彭敏等著. —北京：科学出版社，2023.2

（国家宏观战略中的关键性问题研究丛书）

ISBN 978-7-03-071233-2

Ⅰ. ①基…　Ⅱ. ①彭…　Ⅲ. ①区域经济发展–产业发展–研究–中国　Ⅳ. ①F269.27

中国版本图书馆 CIP 数据核字（2022）第 000307 号

责任编辑：王丹妮／责任校对：贾娜娜

责任印制：张　伟／封面设计：有道设计

科学出版社 出版

北京东黄城根北街 16 号

邮政编码：100717

http://www.sciencep.com

北京中科印刷有限公司 印刷

科学出版社发行　各地新华书店经销

*

2023 年 2 月第　一　版　开本：720 × 1000　1/16

2023 年 3 月第二次印刷　印张：7 1/4

字数：151 000

**定价：98.00 元**

（如有印装质量问题，我社负责调换）

# 丛书编委会

# 丛 书 序

习近平总书记强调，编制和实施国民经济和社会发展五年规划，是我们党治国理政的重要方式[①]。“十四五”规划是在习近平新时代中国特色社会主义思想指导下，开启全面建设社会主义现代化国家新征程的第一个五年规划。在“十四五”规划开篇布局之际，为了有效应对新时代高质量发展所面临的国内外挑战，迫切需要对国家宏观战略中的关键问题进行系统梳理和深入研究，并在此基础上提炼关键科学问题，开展多学科、大交叉、新范式的研究，为编制实施好“十四五”规划提供有效的、基于科学理性分析的坚实支撑。

2019 年 4 月至 6 月期间，国家发展和改革委员会（简称国家发展改革委）发展战略和规划司来国家自然科学基金委员会（简称自然科学基金委）调研，研讨“十四五”规划国家宏观战略有关关键问题。与此同时，财政部政府和社会资本合作中心向自然科学基金委来函，希望自然科学基金委在探索 PPP（public-private partnership，政府和社会资本合作）改革体制、机制与政策研究上给予基础研究支持。审计署电子数据审计司领导来自然科学基金委与财务局、管理科学部会谈，商讨审计大数据和宏观经济社会运行态势监测与风险预警。

自然科学基金委党组高度重视，由委副主任亲自率队，先后到国家发展改革委、财政部、审计署调研磋商，积极落实习近平总书记关于“四个面向”的重要指示[②]，探讨面向国家重大需求的科学问题凝练机制，与三部委相关司局进一步沟通明确国家需求，管理科学部召开立项建议研讨会，凝练核心科学问题，并向委务会汇报专项项目资助方案。基于多部委的重要需求，自然科学基金委通过宏观调控经费支持启动“国家宏观战略中的关键问题研究”专项，服务国家重大需求，并于 2019 年 7 月发布“国家宏观战略中的关键问题研究”项目指南。领域包括重大生产力布局、产业链安全战略、能源安全问题、PPP 基础性制度建设、宏观经济风险的审计监测预警等八个方向，汇集了中国宏观经济研究院、国务院发展研究中心、北京大学等多家单位的优秀团队开展研究。

该专项项目面向国家重大需求，在组织方式上进行了一些探索。第一，加强

---

[①] 《习近平对“十四五”规划编制工作作出重要指示》，www.gov.cn/xinwen/2020-08/06/content_5532818.htm，2020 年 8 月 6 日。

[②] 《习近平主持召开科学家座谈会强调 面向世界科技前沿面向经济主战场 面向国家重大需求面向人民生命健康 不断向科学技术广度和深度进军》（《人民日报》2020 年 9 月 12 日第 01 版）。

顶层设计，凝练科学问题。管理科学部多次会同各部委领导、学界专家研讨凝练科学问题，服务于“十四五”规划前期研究，自上而下地引导相关领域的科学家深入了解国家需求，精准确立研究边界，快速发布项目指南，高效推动专项立项。第二，加强项目的全过程管理，设立由科学家和国家部委专家组成的学术指导组，推动科学家和国家部委的交流与联动，充分发挥基础研究服务于国家重大战略需求和决策的作用。第三，加强项目内部交流，通过启动会、中期交流会和结题验收会等环节，督促项目团队聚焦关键科学问题，及时汇报、总结、凝练研究成果，推动项目形成“用得上、用得好”的政策报告，并出版系列丛书。

该专项项目旨在围绕国家经济社会等领域战略部署中的关键科学问题，开展创新性的基础理论和应用研究，为实质性提高我国经济与政策决策能力提供科学理论基础，为国民经济高质量发展提供科学支撑，助力解决我国经济、社会发展和国家安全等方面所面临的实际应用问题。通过专项项目的实施，一方面，不断探索科学问题凝练机制和项目组织管理创新，前瞻部署相关项目，产出“顶天立地”成果；另一方面，不断提升科学的经济管理理论和规范方法，运用精准有效的数据支持，加强与实际管理部门的结合，开展深度的实证性、模型化研究，通过基础研究提供合理可行的政策建议支持。

希望此套丛书的出版能够对我国宏观管理与政策研究起到促进作用，为国家发展改革委、财政部、审计署等有关部门的相关决策提供参考，同时也能对广大科研工作者有所启迪。

侯增谦

2022 年 12 月

# 前　言

《中华人民共和国国民经济和社会发展第十四个五年规划和 2035 年远景目标纲要》明确提出，“坚持把发展经济着力点放在实体经济上，加快推进制造强国、质量强国建设”，“构建实体经济、科技创新、现代金融、人力资源协同发展的现代产业体系”。我国自然地理禀赋差异较大，各地推动高质量发展与建立现代产业体系的模式、路径、载体不尽相同，如何让处于不同空间单元的企业能够成为更具活力、更具竞争力的微观主体，如何建立不同空间尺度的区域单元内部以及之间的产业关联关系并形成有序竞争、优势互补的发展格局，如何调整优化国家重大生产力布局以统筹安全与发展，这些都是新阶段必须要深入研究解决的问题。这些问题既是区域问题，也是产业问题，是既定空间单元的产业发展问题，也是既定产业在空间单元的落地问题。

区域与产业的关联，本质上是以时空一体、发展与布局协调的思维统筹解决发展的不平衡和不充分问题。这一关联并不是静态的，而是动态演化的，必然随着环境、条件的变化逐渐调整，而这一演化的过程和规律都过于复杂，不能简单抽象地刻画，需深入剖析分析区域与产业发展中不平衡、不充分的本质问题，需深刻把握以数字经济为核心的时代特征，以大数据和人工智能技术为基础，构建动态演化的数字化平台，进而实现本底的精细化洞察、未来的精准化预见、实施的精确化指导。

全书共五个章节，第 1 章为区域产业发展的基本分析，概述区域产业发展规划中面临的问题和解决方法的框架思路。第 2 章为区域产业发展的精准评估，阐述如何利用知识图谱和数据挖掘方法，结合经济学知识，构建基于区域网络、产业网络和企业网络的三网产业图谱。第 3 章为区域产业发展的精准预测，结合三网产业图谱的数据结构和经济学理论方法，提出区域内和区域间的产业关联分析、产业链中长期发展趋势预测的创新方法。第 4 章为区域产业战略研究与分析平台，基于创新方法和模型构建数字化分析平台，实现技术、数据、算力、场景的交互与展示。第 5 章为区域产业发展的精准实施，针对各类区域的实际问题，基于本书核心方法，设计产业区域协同发展战略的精准实施方案。

参与本书撰写工作的作者还包括：武汉大学贾旭博士、徐文杰博士、吴传清教授、谢烁圻，北京易创新科信息技术有限公司李姜元鸿、王更生，国家信息中心张学颖，在此一并表示感谢。

# 术 语 解 释

- **实体**：其指产业结构中具体存在的实体概念，如“企业”“产业”等。
- **关系**：其指实体间存在的语义关系，如“企业$_1$”和“企业$_2$”之间存在“合作”关系，“产业$_1$”和“产业$_2$”之间存在“上下游”关系。
- **本体**：其指对共享概念体系的形式化描述，如公司、企业标签、专利、人等。
- **企业知识图谱**：基于已有的结构化、非结构化企业数据，构建基于多源数据融合的、面向企业的有向图网络$G=(N,E)$。其中，节点$n_i \in N$，表示企业实体，每个实体节点包含若干属性，如企业法人、所属产业、所属区域、专利等；边$e_i \in E$，表示节点之间的关系，关系包括公司–产业关系、公司–专利关系、公司–公司参控股关系、公司–公司投融资事件关系等。
- **专利图谱**：基于已有的结构化、非结构化企业数据，构建基于多源数据融合的、面向专利的有向图网络$G=(N,E)$。其中，节点$n_i \in N$，表示专利实体，每个实体节点包含若干属性，如专利名称、专利 ID（identity document，身份标识号）、专利类别、申请日期、发布日期等；边$e_i \in E$，表示节点之间的关系，关系包括申请、发明等。
- **科技文献图谱**：基于已有的结构化、非结构化企业数据，构建基于多源数据融合的、面向科技文献的有向图网络$G=(N,E)$。其中，节点$n_i \in N$，表示科技文献实体，每个实体节点包含若干属性，如科技文献名称、文献类别、申请日期、发布日期等；边$e_i \in E$，表示节点之间的关系，关系包括专属、合作等。
- **产业关联**：其指经济系统各产业间以投入和产出的产品作为媒介产生的技术经济联系。
- **产业空间布局**：产业空间布局本质上是产业结构在地域空间上的投影，是各产业部门在地域的动态组合分布。
- **关键企业**：在新区域经济增长极下，基于企业数据，识别企业群集行为，分析动态事件演化，挖掘创新型企业及其企业关系，称为关键企业。以相关的创新性企业和企业群集行为作为实体节点，以相关事件为关系边，所构成的子图称为关键企业子图。该子图以一个有向的关系标签图$G=(N,E,R)$表示，构建为关键企业图谱。其中，$N$ 表示所有点的集合，$E$ 表示所有边的集合，$R$ 表示关系集合。

- **企业事件：** 其是指特定时间节点上突然发生的对特定企业产生多方面影响的变化的事件。
- **产业复杂网络：** 其是由所有产业节点所构成的一个复杂网络，网络中的每个节点代表一个产业实体。
- **产业图谱：** 其是由区域产业复杂网络、区域经济关联网络和企业要素网络构成的一个三网产业知识图谱。

# 目　录

# 第 1 章

# 区域产业发展的基本分析

区域经济协调发展在我国是亟待解决的重要问题。近年来我国的经济增长在世界舞台上处于第一梯队,但区域经济非均衡发展的基本格局目前尚未发生改变。由于我国地域广阔、人口众多,地区间的自然条件、资源禀赋、社会文化、地区政策等差异性大,如何结合区域的比较优势,挖掘新的经济增长动力源,并形成新的增长极,是区域经济协调发展政策制定中的当务之急。本章结合当前的时代背景,深度剖析我国在区域产业发展中所面临的紧迫问题,并概述本书提出的解决方法。

## 1.1 区域产业发展的时代背景

新一轮工业革命正在重构全球的产业格局,经济全球化的进程表面上受到全球贸易摩擦的影响,但以区域比较优势理论为基础的差异化区域发展战略,依然是各国追求的目标。随着我国经济新常态以及新型城镇化的发展,区域经济和产业融合趋势更加明显,区域国土空间逐渐成为参与全球竞争的基本单元。在此大背景之下,区域政策不仅仅关系到当地企业的转型升级,更影响到区域经济在全球的产业分工。

区域经济的协调发展是我国一项长期重要国策,近年来颁布实施了一系列促进区域经济协调发展的政策措施,使得我国区域经济格局在一定程度上出现了可喜的变化。站在"两个一百年"奋斗目标的历史交汇期,开启"十四五"规划,意义重大而深远。做好"十四五"规划的研究与落实,优化区域经济空间结构,将区域经济的协调发展更有机地融入国家大战略并与之紧密结合,是确保地区高质量发展的重要前提。

区域协调发展战略实现空间结构优化的重要抓手是要素流动和产业转移。由资源或者产业需求的变化引导要素及产业在地区间转移,可改变一个地区产业结构的空间布局,突出比较优势,有效发挥区域经济新动力,从而实现人均基本公共服务的均衡化发展，以及人民生活水平大体相当的目标。因此，产业结构和产业空间布局的优化与协调发展始终是区域经济发展的重要问题。

区域产业政策是指引区域经济协调发展以及提升全球产业竞争力的基础保障。如何借助新经济区域布局的分析框架，沿着要素匹配、经济增长动力源挖掘、产业转移和优化、产业空间布局优化、新经济增长极构建、区域经济协调发展的一系列主线展开分析，对区域产业政策制定乃至中长期经济发展战略的研究都具有重要的现实意义。据此，国家发展和改革委员会在 2016 年《关于贯彻落实区域发展战略促进区域协调发展的指导意见》中明确指出，要完善创新区域政策，加强区域政策顶层设计、提高区域政策的精准性、发挥区域规划指导约束作用、优化规划政策实施与评价机制。

随着数字经济的繁荣兴起，企业数据成倍递增，其中也包含了企业全息画像、企业知识图谱、产业发展指数等数据，基于这些产业数据支撑，可以帮助决策部门洞察整个地区各个主导产业在产业规模、企业数量、投融资规模、技术专利情况、人才团队规模等多个维度的数据变化和演进趋势，也有助于决策部门实时、动态监测本地区产业发展现状和问题，掌握产业未来发展大势，进而制定更加科学、有效的产业发展扶持政策。这些数据还可推动科技成果转化，构建资源聚集平台、转化服务平台和支撑政府工作平台。这充分说明，挖掘和应用产业数据已逐渐成为产业结构调整和企业发展规划的重要参考，这为科学化地制定区域产业政策提供了全新的视角。

## 1.2 区域产业发展中面临的问题

产业规划的引领是区域经济协调发展的基本前提，目前仍然面临以下问题。

### 1.2.1 产业规划存在主观性

产业规划作为政府调控区域经济发展的手段，与政府部门的领导思路具有很强的关联关系，这就导致了不同领导不同规划的情况。如果规划者对地方经济情况了解不足、经济学专业知识储备不够，产业规划有可能缺乏科学性、持续性和稳定性，实践中也会出现规划过多、过滥、不切实际、不尊重基本常识和规律的情况。同时，由于区域政府部门的管理方式，更多管理者的产业规划仅局限于发展本地区的优势产业，忽略了区域间产业分工协作，不利于效益最大化。

### 1.2.2 对产业规划指导的局限性问题

目前产业规划主要依赖经验和统计，缺少一套成熟的科学和全局化的计量方法。对产业交叉和融合的意识不足，造成对产业发展前瞻性的认知局限，使得单一产业发展的观念根深蒂固。在产业政策制定与实际操作过程中，忽略了产业要素与供应链之间的协作效应，导致区域产业规划变成了简单的产业园区堆积，无法推动产业关联的企业合理流动、入驻和发展，阻碍分梯度集聚发展，造成经济发展的内动力不足。

### 1.2.3　产业规划可能产生的负面效应

首先，如果政府对产业发展的指导不合理，会导致市场失去调适作用。其次，政府官员作为产业发展的指导者，相比于企业家，在产业规划中会更多地考虑社会影响与政治影响，而这两者缺乏统一且清晰的衡量标准，导致产业发展规划可能会背离市场规律，不利于产业发展。再次，存在一任政府官员一任政策的情况，这可能会导致企业忙于应付政策的不确定性，无暇顾及技术与商业的发展创新。最后，发展规划权力的集中、资源的分配倾斜、产业政策的选择性和扶持性，会加剧产能过剩。

### 1.2.4　区域产业转移带来的问题

随着我国劳动力成本上升等生产要素的变动，大量制造业向东南亚等地转移，造成了国内产业链的缺失，对规划优势产业集中布局、建立闭链发展的循环经济发展模式造成了困难。同时，区域产业转移对政策制定者的要求也变得更高，需要更多地考虑不同区域之间的产业协同发展、分工协作与交叉融合，才能更好地制定合理的产业发展规划政策。因此，如何把握市场需求瞬息万变的机遇，发挥区域产业比较优势，实现产业链上下游的协同分工，是规划区域产业协调发展中的重点难题。

### 1.2.5　区域间产业规划存在信息不对称问题

由于我国幅员辽阔、资源禀赋差距明显，国家宏观层面一直在稳步推进城乡区域的协调发展工作，西部大开发、东北振兴、中部崛起、长江经济带、京津冀协同发展等国家战略规划将得到进一步落实，国家战略对区域经济协调发展的积极作用将进一步凸显。区域产业规划发展中的高层次与低层次之间的信息不对称问题，影响了国家和地方、区域与区域之间的区域产业协调发展与精准施策。

由于上述痛点和难题，我国区域产业协调发展的产业规划工作定性分析居多，缺乏科学系统和统一有效的解决方案；在产业链规划发展方面，现有方法无法识别和分类产业的动态变化与新经济业态，无法站在经济发展和技术进步的前沿洞察产业发展的驱动力，无法解决由于劳动力成本优势转移导致的产业链缺失，缺乏主动发现技术快速更迭情况下的新兴产业链规划问题；同时，存在产业要素和区域发展的关联不明晰、区域政策与产业发展的相互支撑作用不明晰的问题。传统产业规划主要以本区域优势产业为核心，无法通过区域资源比较优势，发掘可持续发展的产业；产业现状和未来趋势并没有精准、及时、全面地体现在区域政策的制定中，区域政策对产业发展和区域协调发展的指导性仍有待加强。

## 1.3 区域产业规划中抽象出的科学问题

结合信息科学、数据科学、产业经济学和区域经济学中的理论与技术方法，将上述问题提炼为三个科学问题。

### 1.3.1 如何通过多学科的交叉融合，实现对既定区域空间单元产业要素的建模与评估

首先，通过知识图谱理论、文本分析、产业和企业实体及实体间关系的向量表示学习等技术，能够实现经济实体对象间的分类、聚类计算和关联分析，构建企业知识图谱和标签体系，识别企业间关系。但传统知识图谱构建方法无法处理数量庞大且噪声较多的半结构化和非结构化数据，企业数据的知识融合也是浩大的工程，导致构建的企业知识图谱质量得不到保证。同时，当前构建的企业知识图谱缺乏系统刻画企业画像的能力，缺少对企业地理、经营、技术专利、市场、投资等数据内容的融合。现有企业知识图谱的主要表现形式为三元组样式的无权图，无法直接计算产业间、企业间及专利等要素的归属关系，也无法识别关键性企业、专利等节点，因此需要引入企业竞争和合作等标签内容，重新刻画企业间关系的度量。

其次，传统的产业关联研究主要是基于投入产出分析模型对产业部门间的关联效应强度进行测算，定量描述经济系统内各产业部门在生产和消耗方面的数量依存关系，以此来分析地区产业关联特征，确定主导产业，制订相应的地区经济发展战略。相关研究取得了大量的成果，但也存在一些不足之处，如投入产出表数据较为庞杂且分散，难以描述地区经济结构特点，又如现有的地区产业关联效应分析没有考虑产业关联结构特征。后有学者将复杂网络理论引入产业关联研究，以弥补信息过于庞杂、无法有效进行产业关联结构分析和比较的不足，但这种基于投入产出表构建的产业网络方法隔离了企业与产业的关系，无法有效地辨析产业标签体系中企业标签体系的关系类型。针对上述问题，构建产业标签体系时，应同时考虑企业标签体系和产业标签体系。

再次，传统的复杂网络只从宏观层面描述了产业间存在的关联关系，无法细粒度地辨析区域间经济增长的关联类型。只有融合既定区域空间单元中经济发展指标、人口指标、市场主体指标、产业指标、科技创新指标、资源禀赋指标等要素，才能综合考量区域经济发展。这需要扩展传统产业复杂网络，建模既定区域空间单元标签体系、企业标签体系和产业标签体系，构建融合三者要素的产业图谱模型。

最后，传统方法基于特定区域内的产业经济复杂网络来分析区域产业整体关联关系，产业经济复杂网络的建模则利用产业或企业作为网络节点，将产业与产业或企业与企业的关联作为边，导致企业和产业的对应关系以及关键企业对产业的重要影响缺失；同时，企业-产业归属仅依靠企业所属产业的类型进行一对一映射，忽略了企业所属地区、资金、人力资本、技术能力、企业与企业之间的事件关联关系等对产业属性和关联的影响作用，使区域内产业演化分析丢失了大量关键信息，导致分析效果不准确。因此，需要建立一种多维度的复杂映射方法，将企业间的事件关联关系映射到产业间的关联关系，并将企业的多维度要素属性映射到对应产业上，从而使企业的趋势演化映射到相关联的产业节点中，进行区域内产业演化分析，完成对既定区域空间单元产业链的本底评估，实现既定区域空间单元的产业链关联关系分析。

### 1.3.2　如何实现对产业链演进趋势的动态预测和对重点产业链节点的推荐

既定区域空间单元内的产业要素、产业链演进规律、投入产出表和上下游供应链，都影响着当地产业的演变和发展路径，必须在既定区域空间单元的产业发展趋势预测和重点产业链的节点推荐中加以考虑。

首先，明确既定区域空间单元内产业要素的影响作用。传统产业发展预测方法主要利用产业之间的投入产出关系，通过对产业部门间的关联效应强度进行测算，构建静态产业复杂网络，定量描述经济系统内各产业部门在生产和消耗方面的数量依存关系，以此对既定区域空间单元的产业发展趋势进行预测。然而，传统基于投入产出表的方法只是对区域间产业发展进行统一建模，无法涵盖专利、人才、资本、企业、政策制定、政府管理能力、劳动力数量、劳动力素质、区位优势和自然资源等要素禀赋。因此，需要探索一种新的产业发展预测方法，能够融合结构化和非结构化的要素禀赋数据，构建区域空间单元发展结构化指标体系，实现不同区域空间单元内的产业发展比较，达到“落后区域”向“先进区域”学习的效应，完成既定区域空间单元产业发展的预测和推荐。

其次，挖掘既定区域空间单元内的产业链演进规律和趋势。传统的产业链演进分析主要基于产业关联效应测度，聚焦于产业复杂网络构建、产业网络结构以及网络中产业节点间关系等方面的研究，利用复杂网络的范式进行产业经济模型解释。但由于数据时效性，产业间的关联信息更新缓慢不及时，导致无法准确抽取具有较强集聚性的产业及计算产业间的间接影响。因此，要加入时间序列约束条件，同时融入较强集聚性产业在整个图谱关系中的影响，挖掘产业链演进规律，实现趋势预测。

最后，精准计算既定区域空间单元内的上下游供应链的影响。传统上下游产业供应链的计算，主要依靠投入产出表得到的产业复杂网络，利用复杂网络相关技术进行产业发展趋势预测。既定区域空间单元标签体系、企业标签体系和产业标签体系的融入，对构建多源异构的产业知识图谱带来了挑战，不仅需要借助知识图谱中的表示与推理技术，还需要融合多源产业波及效应模型来进行动态分析，并通过动态更新产业图谱结构，结合知识图谱推理技术，来实现基于上下游供应链的产业发展预测和重要产业链推荐。

### 1.3.3 如何实现既定区域空间单元产业链落地实施的要素优化配置与组织方案

实现既定区域空间单元产业链落地实施的要素优化配置与组织方案，需要分析产业链的不同发展演进阶段，结合相应的技术要素、资金要素、人才要素和精准招商要素等方面的分析，解决各要素的配置与组织问题。

现有对区域空间单元内产业链落地实施的问题分析和产业规划，都需要通过人工的方式开展实地调研、专家讨论、查阅资料、数据统计等工作，耗费巨大的人力、物力和时间成本，通常仅适用在特定区域、特定产业，甚至是特定时期，很难进行全国推广。同时，利用这种方法进行调研和分析，也无法在政策实施前进行验证。因此，既需要在现有方法的基础上，提供一套区域产业战略研究与分析平台，融合已有的产业图谱数据和产业发展预测方法，为区域政府决策提供精准实施的技术和工具，并结合已有的案例研究和技术分析，提供既定区域空间单元内产业链发展的技术要素、资金要素、人才要素和精准招商要素等的配置方案与组织方案。

## 1.4 区域产业规划的整体框架

区域产业规划的整体框架如图 1-1。

本书的整体框架包括三层面、一平台和示范应用，其中，三层面分别是产业要素的精细化建模与产业标签的精准评估、产业链发展及演进的精准预测以及区域与产业协同发展政策的精准实施。具体每个层面包含的技术路线框架见图 1-2。

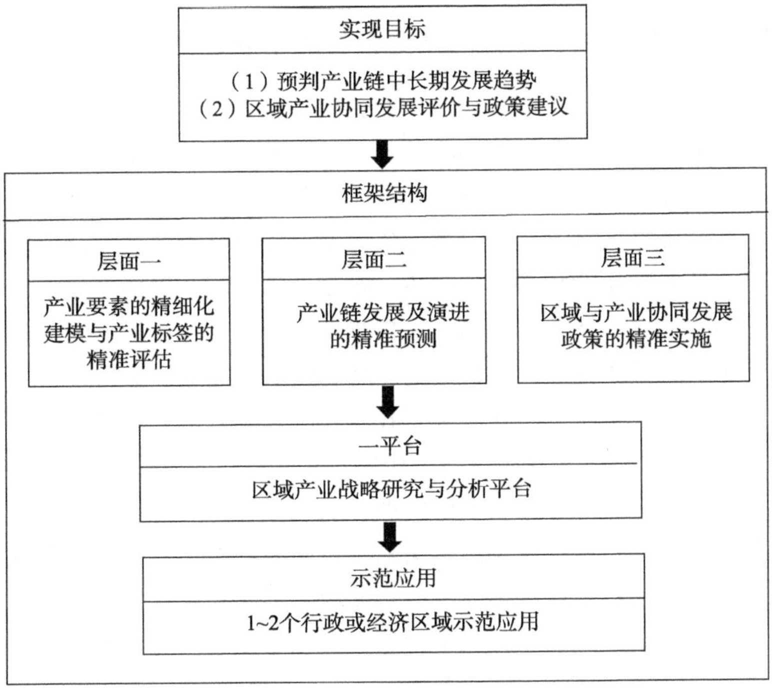


图 1-1　整体框架结构

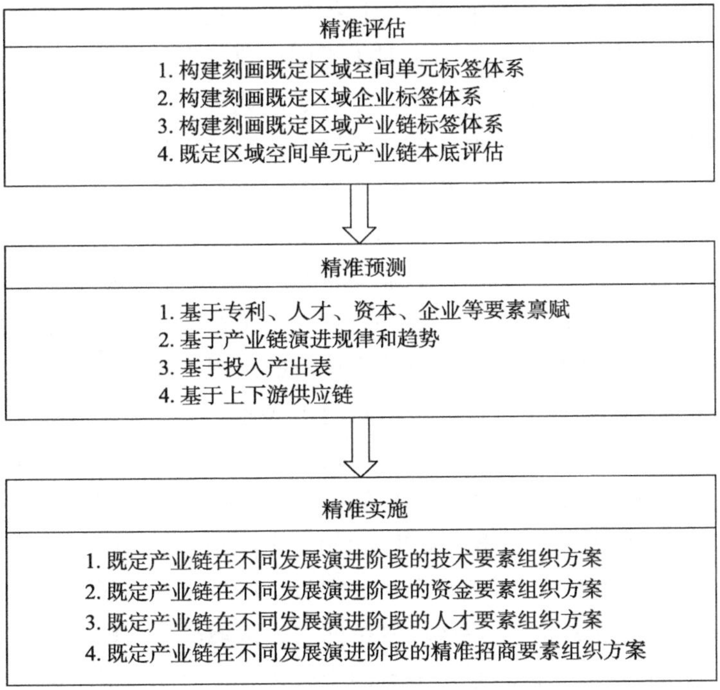


图 1-2　技术路线框架

### 1.4.1 产业要素的精细化建模与产业标签的精准评估

为了完成对既定区域空间单元产业要素的评估并构建产业图谱，解决既定区域空间单元产业链评估问题，本书构建了面向精准建模和评估的既定区域空间单元标签体系、企业标签体系、产业链标签体系和产业链本底评估。

首先，构建既定区域空间单元的标签体系。通过已有数据收集、数据挖掘技术，融合结构化和非结构化数据的分析，挖掘既定区域空间中的经济标签体系和信息标签体系，制定经济发展指标、人口指标、市场主体指标、产业指标、科技创新指标、资源禀赋指标等，构建既定区域空间单元标签体系。

其次，新产业经济中的企业专利、技术、科技文献等要素是优势产业的核心驱动力，而专利所使用的关键技术，尤其是具有创新性的关键技术间的关联关系，可能会影响区域经济中产业与企业的发展。因此，在构建企业标签体系时，需要融入企业层面的专利知识图谱和技术文献知识图谱。本书构建了多源数据融合下的企业标签体系，包括企业地理标签、企业经营标签、企业技术专利标签、企业市场标签、企业投资标签、企业竞争标签、企业质量标签、企业风险标签、企业关联标签等。

再次，需要从产业的结构属性和价值属性两个层面来考虑构建产业标签体系。引入自然语言处理中的特征提取技术，挖掘产业和企业间的关联关系，完成从企业标签体系到产业标签体系的映射。对于不同产业节点的分类标准，会出现不同粒度、不同层面的产业结构分析。本书整合了产业规模、产业结构、产业人才分析、产业投融资、产业政策、产业事件等指标，构建产业标签体系。

最后，构建面向区域产业分析的统一模型，综合刻画既定区域、企业、产业三者之间的经济发展形态。传统方法基于经济指数或数据的关联关系来构建产业网络，无法有效地挖掘不同区域的企业关联结构和区域产业结构，无法动态分析区位内的产业分布及区域间的产业关联。本书通过构建一个由既定区域空间单元标签体系、企业标签体系和产业标签体系构成的三网产业图谱，解决上述问题。具体来说，通过抽取企业标签体系中节点附带人才、资金、税收等要素属性构建企业要素网络，以节点表示产业类别，以边表示产业关联关系，构建初始化的产业复杂网络。选取既定区域空间单元标签体系的指标作为影响区域经济发展的要素，参照历年统计年鉴数据计算区域间经济的联系强度，构建区域经济关联网络。在本书构建的产业图谱中，可基于企业的省份、城市、开发区等地点属性以及企业到产业的多维复杂映射，实现区域复杂网络、区域经济关联网络、企业要素网络三个网络的区域产业与区域企业节点的全链接，从而实现对不同区域内产业、企业的关联结构和空间分布进行实时动态建模。

### 1.4.2　产业链发展及演进的精准预测

本书提出基于专利、人才、资本、企业等要素禀赋、基于产业链演进规律和趋势、基于投入产出表和基于上下游供应链的技术方法，实现既定区域空间单元产业链演进趋势预测以及未来发展中重点产业链环节推荐。

首先，基于专利、人才、资本、企业等要素禀赋，预测既定区域空间单元产业发展趋势。构建既定区域空间单元发展结构化指标体系，结合比较经济学中的案例比较法，寻找与既定区域空间单元标签体系相近而产业发展更先进的区域空间单元。比较两者之间的差距，衡量优劣，总结发展经验，预测产业落后的既定区域空间单元的产业发展路径。

其次，利用企业工商注册数据，寻找产业集聚规律，分析并预测既定区域空间内产业链发生的产业演进情形。本书基于知识抽取技术，对产业链的上下游关联关系进行抽取；结合时间序列和数据挖掘方法，设计产业集聚规律模型和产业发展趋势预测模型，预测产业链的演进规律，对既定区域空间单元产业发展趋势进行预测和产业链推荐。

再次，借鉴传统产业投入产出表构建静态产业复杂网络的方法，将静态网络方法融入动态产业图谱数据中，提取不同的数据表现形式，寻找具有强关联关系的产业；利用产业网络对既定区域空间内产业进行多角度度量，得到产业发展规律，实现产业链推荐。

最后，通过产业知识图谱的推理技术，预测产业链演进趋势。结合投入产出经济学中的波及效应理论，提出多源产业波及效应模型，分析既定区域空间单元本身的产业上下游供应链发展特征，推动区域空间单元内的产业发展。

### 1.4.3　区域与产业协同发展政策的精准实施

区域经济的发展需要依靠区域产业政策的引导和扶持，而区域产业政策的制定也需要把握既定区域空间单元产业链落地实施的要素优化配置和组织问题。本书提出针对产业链在不同发展演进阶段的技术要素、资金要素、人才要素和精准招商要素组织方案。

基于提出的区域产业规划整体框架，通过精准预测，形成对空间单元的产业链规划路径图，设计区域产业发展的精准实施方案，协助构建集成产业创新的生态体系。本书首先精准评估既定空间单元的产业底图，以产业链为纽带进行全要素多维度的刻画；其次基于要素禀赋、产业链演进规律、投入产出表和上下游供应链的产业发展预测方法，对既定空间单元的产业链发展进行精准预测；最后以既定空间单元的高质量发展为目标来设计合理的产业链，寻找和弥补产业链的薄弱环节，精准推荐具体且可真实触达的产业要素资源，协助打造有序的产业集群。

### 1.4.4 构建区域产业战略研究与分析平台

集成上述研究成果和其他必要的经济分析技术，构建区域产业战略研究与分析平台，为区域协同发展的政策制定提供数据和工具支撑，为中长期经济发展战略研究提供分析平台。

将平台使用者划分为不同权限的用户和管理员，将平台功能划分为产业分析和区域产业分析两部分，实现分级分模块管理。平台的开发引入可复用分析组件，实现相关功能的复用、灵活组合、扩展和更新，并且，本书对平台涉及的相关技术、详细功能和使用方法进行了完整阐述，便于用户使用。

## 1.5 既定区域空间单元划分和示范区域

实现空间单元的经济发展，产业发展是核心。中国有 31 个省区市、300 多个城市和 2800 多个县域单元，郡县治则天下安，每一个城市和县域单元真正实现高质量发展，是国家高质量发展的微观基础。在不同类型的空间单元内验证方法的有效性，用实践和案例辅助，从而更好地把握精准评估、精准预测、精准实施的产业发展逻辑。

为验证以上提出的技术评估和预测方法的有效性，本书开展了四种不同类型区域空间单元的产业关联案例分析。

### 1.5.1 全国层面的空间单元产业发展分析

为实现基于投入产出表的预测方法，对既定区域空间单元产业发展趋势进行预测，本书利用 2012 年和 2017 年全国投入产出表的数据，对全国层面的空间单元产业发展预测进行分析。

### 1.5.2 地市州层面的空间单元产业发展分析与预测

基于地市州层面的空间单元案例分析，本书确定杭州市和武汉市为示范区。将长江三角洲地区的杭州市与中部地区的武汉市进行案例对比分析，为产业中长期发展提供政策依据。为更好地挖掘浙江省内先进城市的发展路径，本书案例部分先针对浙江产业创新综合体进行研究分析，再分析浙江省内先进城市，借鉴其构建创新生态的思路。

### 1.5.3　县市区层面的空间单元产业发展分析与精准实施方案

基于县市区层面的空间单元案例分析，本书以南阳市镇平县为示范区，将镇平县与经济发展相似和先进地区进行对比分析，为镇平县之后的产业中长期发展提供精准实施方案和政策依据。

### 1.5.4　开发区层面的空间单元产业发展分析与精准实施方案

基于各类开发区层面的空间单元案例分析，提出发展规划的实施方案，为保证数据计算的准确性和计算效率，本书以武汉东湖新技术开发区（简称东湖高新区）作为示范区。东湖高新区被称为“中国光谷”，其光电子信息、生物医药、新能源环保、高端装备制造、高技术服务业等产业发展优势明显，是中西部最具代表性的产业园区。

# 第 2 章

# 区域产业发展的精准评估

只有摸清产业本底，才能为区域精准画像，形成区域精准评估底图。现有的区域空间单元产业链评估方法多是利用宏观统计数据，无法对产业要素进行更精细化的建模。空间单元内的企业，承载着细粒度、多维度的产业和区域发展特征。将产业链精细化拆解，构建出全国各地区通用的、科学的标签体系，将产业标签关联到企业主体上，通过统筹分析和对比计算，可以实现高精度产业本底调查和产业维度的区域画像。标签体系可以使原本无法描述、搜索和定位的数据被描述、搜索和定位。本章通过融合空间单元标签体系、企业标签体系和产业链标签体系，构建产业图谱，并研究既定空间单元内产业链的特征抽取和关联关系分析方法，实现区域空间单元产业链的精准评估。

## 2.1 精准评估的技术方法

本节对区域产业发展的精准评估中涉及的各个技术方法进行总结和梳理，主要包括：基础数据、信息抽取技术、基础模块构建和产业图谱构建，技术框架图见图 2-1。

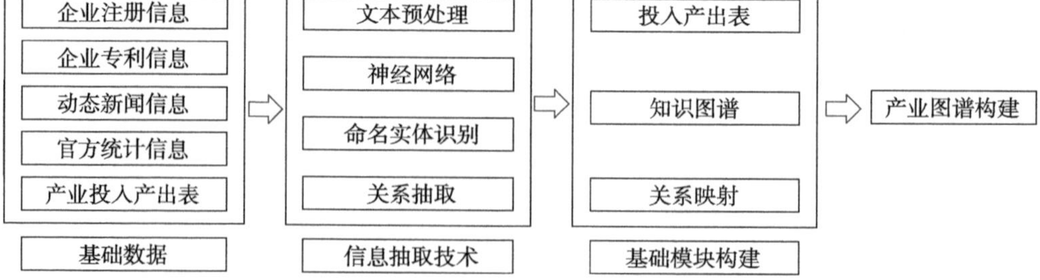


图 2-1 技术框架图

### 2.1.1　基础数据

产业图谱的构建是建立在企业注册信息、企业专利信息、动态新闻信息、官方统计信息和产业投入产出表等相关数据信息的统计与收集工作基础之上的。其中，企业注册信息主要通过“中国工商企业注册信息数据”获得；企业专利信息主要通过中外专利数据库收集；动态新闻信息主要基于搜索引擎、论坛和新闻网站获取信息；官方统计信息包括各地的《统计年鉴》《国民经济和社会发展统计公报》《政府工作报告》等统计数据；产业投入产出表的数据是根据国家和各地区的产业投入产出表进行计算的。

### 2.1.2　信息抽取技术

信息抽取技术主要包括文本预处理、神经网络、命名实体识别和关系抽取。

1. 文本预处理

针对基础数据中获取到的各项企业基本数据、产业数据和区域数据，进行文本预处理。技术流程包括词向量化、数据清洗和特征提取，流程如图 2-2 所示。

图 2-2　文本预处理流程图

1）词向量化

词向量化是对自然语言文本中的字词进行分词并转换为计算机可识别的向量形式。词向量化主要包括最大匹配算法、基于语义的语言模型、维特比算法等。在本书的数据预处理中，词向量化方法使用了公开分词工具并结合自然语言处理中成熟的预训练技术，完成了中文分词和向量化任务。

2）数据清洗

为了存储和使用数据，首先要进行数据清洗工作。数据清洗是指发现并纠正数据中可识别的错误的一道流程工序，包括检查和去除停用词、检查数据一致性、处理无效值和缺失值、拼写纠错等。

在数据清洗过程中，首先根据统计得到的停用词表，去除数据中无关紧要的文本。其次，检查数据一致性问题，根据各项指标大致的取值范围，检查数据是否符合要求，对存在问题的数据进行修改或去除。再次，检查数据中是否存在无效值和缺失值。最后，对文本数据进行拼写纠错检查，利用编辑距离和预训练模型，修改文本错误。

3）特征提取

在自然语言处理中，特征提取从初始的文字数据开始，建立提供信息和非冗余的派生值（特征），从而促进后续的学习和泛化步骤。在本书中，根据后续具体模型的不同，选择不同的特征提取技术。同时，为了更好地捕获数据间的特征信息，将通过 BERT［bidirectional encoder representation from transformers，基于 Transformer（转换器）的双向编码表示］等中文通用预训练语言模型对原始的文本信息进行预训练学习，获得特定领域的预训练模型。

## 2. 神经网络

本书利用三类具有代表性的神经网络模型：卷积神经网络（convolutional neural networks，CNN）、循环神经网络（recurrent neural network，RNN）和 Transformer，技术流程如图 2-3 所示。

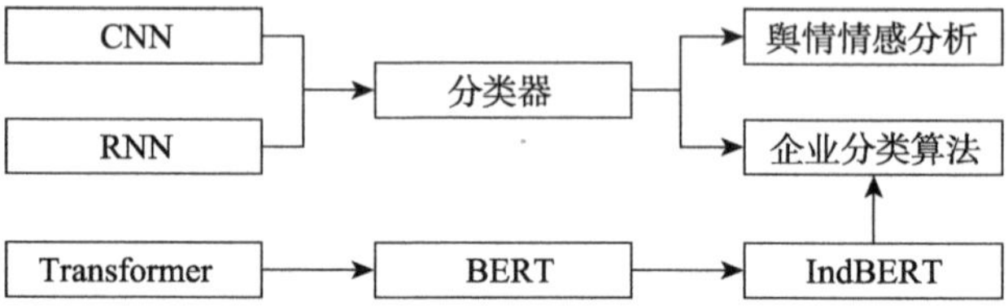


图 2-3 神经网络流程图

CNN 和 RNN 通过对传统神经网络进行空间和时间维度的扩展，得到基于空间和时间上的输入特征，对舆情进行情感分类，对企业–产业关系进行映射。

基于 Transformer 结构提出的预训练语言模型 BERT 被广泛应用于自然语言处理中的各项任务。本书中，基于 BERT 进行产业领域的预训练，构建产业 BERT（BERT for industry text mining，IndBERT）模型。IndBERT 可以捕获产业领域内的专业术语特征，帮助其他模型更好地完成分类工作。

## 3. 命名实体识别

实体是指特定概念的实例，命名实体识别指从文本中抽取实体信息元素，通常包括人名、组织机构名、地理位置、时间、日期、字符值和金额值等。在本书中，实体主要包括三类：企业名、产业名和区域名。

对已经预处理后的文本数据进行实体识别操作，建立企业知识图谱。流程包括数据确定、实体类型确定、实体规范确定和实体识别，具体如图 2-4 所示。

1）实体类型确定和实体规范确定

数据预处理阶段，已经完成实体识别中的数据确定工作，本节主要实现实体

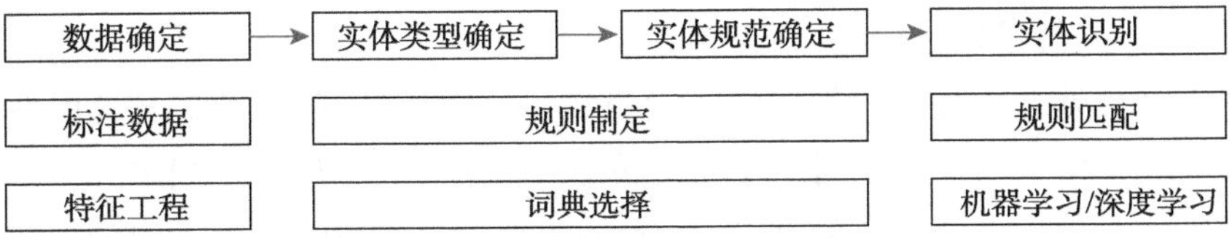


图 2-4　命名实体识别流程图

类型确定和实体规范确定。实体识别首先要严格确定实体类型标签。同时，针对涉及的企业、产业和区域实体，需制定适应实体识别框架的实体规范。目前，对于实体类型和实体规范的确定，主要依赖于领域专家的标注。

2）实体识别

实体识别中的技术发展，从基于词典、规则的模式匹配，到统计机器学习方法，再到当前主流的深度学习神经网络。现有实体识别方法通过融入注意力（attention）机制、融合图神经网络或利用大规模预训练语言模型的词向量，提高实体识别的准确率。

### 4. 关系抽取

关系抽取通常在实体识别之后，即抽取两个实体或多个实体之间的语义关系。语义关系通常用于连接两个实体，并与实体一起表达文本的主要含义。常见的关系抽取结果用三元组结构表示。这里，关系抽取主要包括两个方面，即实体（企业/产业/区域）的属性抽取和实体与实体之间的关系抽取，结构如图 2-5 所示。

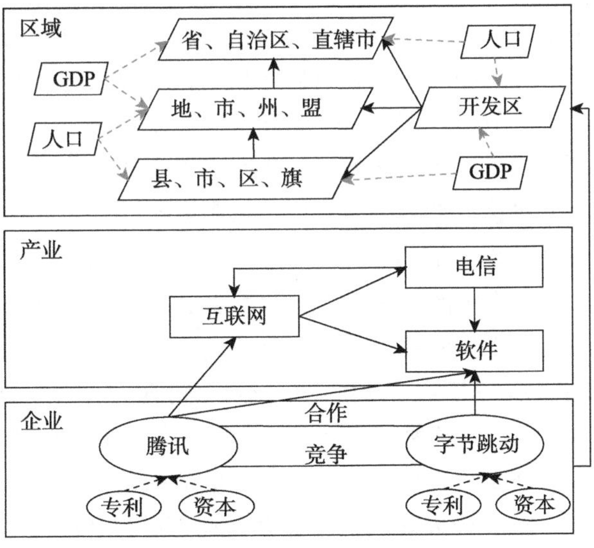


图 2-5　关系结构图

GDP（gross domestic product）表示国内生产总值

1）实体属性抽取

在数据预处理阶段，我们采集了大量实体（企业/产业/区域）及其属性数据，包括企业基本信息、企业专利、区域发展指标数据等，为构建空间单元标签体系、企业标签体系等工作提供了数据支撑。实体属性信息可以通过三元组的形式表示，如“武汉的 GDP 为 15 616.1 亿元”可表示为（武汉，GDP，15 616.1 亿元）。

2）实体间关系抽取

除了实体与属性之间的关系，实体和实体之间也存在关系。本书对企业–企业、产业–产业、区域–区域、企业–产业、企业–区域共五种关系进行抽取。

其中，企业–企业关系分为两种，包括企业之间的竞争关系和合作关系。竞争关系和合作关系的划分是通过企业之间的共现度和相似度进行计算的。产业–产业关系主要为产业之间的上下游关系，结合韦弗–托马斯（Weaver-Thomas，WT）指数和投入产出等进行确定。区域–区域关系主要是从地理坐标位置的角度，确定三级行政区划单元或经济区划单元的从属关系。企业–产业关系主要为归属关系，利用分类技术将企业分类到所属的产业中。企业–区域关系则是企业与其所属地理区域的关系。

### 2.1.3 基础模块构建

基础模块构建包括投入产出表、知识图谱和关系映射。

1. 投入产出表

投入产出表用于反映国民经济各部门的投入和产出、投入的来源和产出的去向，以及部门与部门之间相互提供和消耗产品的错综复杂的技术经济关系。通过投入产出表获得产业复杂网络的主要技术方法，具体如下。

（1）利用经济学投入产出方法初步处理投入产出表。将投入产出流量表中的数值处理为矩阵，记为 $Q$，其对应的直接消耗系数矩阵记为 $A$，直接分配系数矩阵记为 $H$，通过 $Q$ 计算出 $A$ 和 $H$。通过 $A$ 计算里昂惕夫矩阵，记为 $L$，其逆矩阵记为 $C$。利用投入产出表中的列值，得到分配系数逆矩阵，记为 $O$。利用 $O$ 计算完全消耗系数矩阵和完全分配系数矩阵，分别记为 $B$ 和 $F$。

（2）使用 WT 指数方法对经济矩阵中行或列取阈值。对 $B$ 中每行取对应的阈值，通过将该行其他数值除以该阈值，将矩阵 $B$ 中每个元素映射到 $[0,+\infty)$ 区间，其中小于 1 的数值被认为是弱关联强度，大于 1 的数值被认为是强关联强度。经过阈值处理的矩阵，记为 FS，代表前向供给关系；对 $B$ 按列利用相同方法分析，得到矩阵 BS，代表后向供给关系；对 $F$ 按行利用相同方法分析，得到矩阵 FD，代表前向需求关系；对 $F$ 按列利用相同方法分析，得到矩阵 BD，代表后向需求关系。

（3）利用经济矩阵交互操作得到产业复杂网络。矩阵的并操作定义为：比较两个矩阵中相同位置的元素，取其中较大的元素作为新的元素。矩阵的交操作定义为：比较两个矩阵中相同位置的元素，取其中较小的元素作为新的元素。在经济学中，具有产业前向关系或后向关系均可视为具有关系，将 FS 和 BS 取并，得到产业供给结构网络，记为 $S$ 。将矩阵 FD 和 BD 取并，得到产业需求结构网络，记为 $D$ 。将矩阵 $S$ 和 $D$ 取交，得到产业复杂网络矩阵 NET 。将 NET 矩阵映射到网络中，每个产业部门视为一个节点，矩阵中的元素视为产业部门节点之间的关联强弱值，行所在的产业作为起点，列所在的产业作为终点，得到产业复杂网络。

### 2. 知识图谱

知识图谱即结构化的语义知识库，以符号形式描述物理世界中的概念及其相互关系，其基本组成单位是 “实体—关系—实体”三元组、实体及相关“属性—值”对，实体间通过关系相互联结，构成网状的知识结构。例如，在企业图谱中，节点表示企业实体，边表示企业和企业之间的关系（包括竞争和合作关系），实体属性包含企业专利等。

对抽取的实体、关系进行知识融合和知识加工，得到知识图谱的基本模块。其中，知识融合整合多个数据库中的知识内容，形成一个完整的知识库，需要使用指代消解、实体消歧、实体链接等方法。知识加工利用结构化和网络化的知识体系方法，经质量评估后筛选可直接利用的知识图谱数据。

### 3. 关系映射

关系映射是基于大数据技术，统计和分析产业中数量众多的企业间的合作和竞争关系，并将结果映射到产业层面。

1）企业合作关系

企业间的合作关系由企业间的共现关系决定。在文本（如新闻文本）中出现的具有共现关系的产品对应的生产企业之间被认为具有潜在合作关系，并对此关系进行量化处理。

2）企业竞争关系

通过企业的专利属性分析企业间的竞争关系，具有相似核心技术的企业之间具有潜在的竞争关系。首先，提取企业专利中的文本特征，获得该企业的专利特征矩阵。其次，利用 BM25 等相似度算法，获得企业专利特征矩阵之间的相似度，作为企业之间的竞争关系量化指标。

3）企业关系到产业关系映射

企业关系到产业关系的映射，是将企业之间的合作和竞争关系反映到产业之间的关联关系中。首先，构建产业领域的预训练语言模型 IndBERT，捕获产业领域的文字特征。其次，结合无监督的“语义桩”方法，对企业到产业进行多标签分类。最后，结合企业的属性信息，对企业的合作值和竞争值进行加权处理，映射到产业复杂网络中。

### 2.1.4 产业图谱构建

企业知识图谱、产业复杂网络和区域关系是空间单元标签体系、企业标签体系与产业链标签体系的数据支撑和关系链接。利用区域关联网络、产业关联网络和企业关联网络形成三网产业图谱，记为 $G(A,\mathrm{NET},\mathrm{enterprise},\theta)$。其中，$A$ 表示行政区划关系；NET 表示产业复杂网络；enterprise 表示企业关联网络；$\theta$ 表示网络之间的关联关系。

## 2.2 构建空间单元标签体系

### 2.2.1 空间单元标签体系的分类、含义与内容

空间单元标签体系利用既定空间单元中的一系列指标，对既定空间的发展现状进行定量分析。通过对既定空间单元标签体系的构建，能够准确描述该地区的发展现状。其中，既定空间单元标签体系分为两类：经济标签体系和信息标签体系。经济标签体系包含经济发展指标、人口指标、市场主体指标、产业结构指标、科技创新指标、资源禀赋指标共六个指标。信息标签体系包含关注热度指标、舆情发展指标共两个指标。

1. 经济标签体系

（1）经济发展指标。经济发展指标刻画既定空间单元的经济发展状况，其数量表现反映出空间单元社会经济现象及其发展规律。经济发展指标以理论经济学所确定的经济范畴含义为依据，具体由地区生产总值、产业增加值、固定资产投资、消费品零售总额、对外经济、财政收入等六项指标构成。

（2）人口指标。人口作为产生经济价值和体现物质需求的重要载体，对既定空间单元的经济发展产生巨大影响。人口指标刻画既定空间单元的劳动力数量和物质需求程度。人口变化能够反映既定空间单元经济发展的变化趋势。空间单元的人口指标由人口数量和就业人数两项指标构成。

（3）市场主体指标。市场主体指标刻画既定空间单元的市场中从事交易活动的组织和个人。企业作为国民经济的基本单位，是市场经济活动的主要参加者，承担市场营销和创新活动，能够反映既定空间单元的市场创造力和活力。既定空

间单元的市场主体指标由企业数量和关键企业数量两项指标构成。

（4）产业结构指标。产业结构指标刻画既定空间单元的各个产业分布、集聚效应和经济状况。产业的经济状况表现会直接反映到生产总值上，是发展区域经济、促进产业转型的重要指标。通过对产业结构指标进行分析，能够描述既定空间单元内已经发展的产业集群，确定产业链上下游发展状况，从而确立需要发展和优化的产业链节点，以提高整个产业链的运作效能。既定空间单元的产业结构指标由产业结构和产业分布两项指标构成。

（5）科技创新指标。科技创新指标刻画既定空间单元综合竞争力。科技创新作为经济发展的第一动力，能够提供高质量科技供给，支撑现代化经济体系建设，是既定区域空间产业优化升级、生产力提升的重要战略因素。既定空间单元的科技创新指标由科研院所数量、研究机构数量、专利数量三项指标构成。

（6）资源禀赋指标。资源禀赋指标刻画既定空间单元拥有的各种客观存在的生产要素，但不包括资本、人口等生产要素。既定空间单元内存在的资源禀赋决定了区域内的最优产业结构，资源禀赋指标由交通运输、旅游景区、国土面积、水资源、经济资源五项指标构成。

2. 信息标签体系

（1）关注热度指标。关注热度指标刻画既定空间单元对特定信息的关注度。根据各大搜索引擎等网站出现的既定空间单元内的特定信息的检索热度，生成基于时间轴的热度图，刻画既定空间单元中特定产业信息的受关注程度。

（2）舆情发展指标。舆情发展指标刻画既定空间单元内用户对于特定产业发展程度的关注情况。通过对论坛、新闻网站中相关空间单元的舆情内容进行过滤，筛选出与特定产业相关的舆情内容，再进行产业发展视角的情感分析，量化当前产业发展的舆情倾向，作为舆情发展指标。

### 2.2.2 空间单元标签体系的技术方法与路径

对包括经济标签体系和信息标签体系内的数据进行收集与预处理，去除数据噪声后，构建既定空间单元标签体系并在数据库中进行持久化。技术方法主要包括经济标签体系构建和信息标签体系构建。

1. 经济标签体系构建

通过对现有统计数据进行分析和预处理，构建经济标签体系，为之后的工作提供基础。

（1）数据获取：利用《统计年鉴》《国民经济和社会发展统计公报》《政府工

作报告》等官方统计数据获取相关统计指标；利用“中国工商企业注册信息数据”获取相关企业的注册信息；利用中外专利数据库获取企业的专利信息；利用互联网获取企业相关动态标签信息。

（2）数据预处理：为确保数据的真实有效性，首先，审核数据的完整性和准确性，保证数据的所有指标采集完整和反映客观现实。其次，筛选并剔除不符合审核和特定条件的数据。最后，按照标签指标，整理、分类和筛选数据，进行汇总。

（3）数据存储：采用 MySQL 关系型数据库来存储平台的结构化数据，并采用图数据库 Neo4j 存储非结构化数据。在保证大规模数据的查询速度的同时，提升平台的运行效率。

### 2. 信息标签体系构建

（1）基于时间轴的空间热度图技术。利用互联网技术，选定特定区域作为关键词，以搜索指数为衡量标准，统计每个月的搜索指数，并生成对应的热度图。基于时间轴的空间热度图可以直观看出特定区域受关注程度的变化趋势。

（2）舆情的情感分析技术。以特定区域和特定产业为关键词检索对应的舆情，将舆情文本作为输入，得到该舆情的情感分类，包括正向情感和负向情感。采集网络舆情文本并对文本进行人工标注，得到舆情情感分类数据集，利用长短时记忆（long short-term memory，LSTM）网络和全连接层的模型在已标注数据的舆情情感分类数据集上进行训练，得到舆情情感分类模型，可以更直观地监测特定区域中的特定产业发展态势。如果特定产业的舆情中正向情感较多，则认为该产业发展态势较好，反之较差。模型结构如图 2-6 所示。其中，$x$ 代表每一时间步的输入，$h$ 代表每一个对应力的输出。

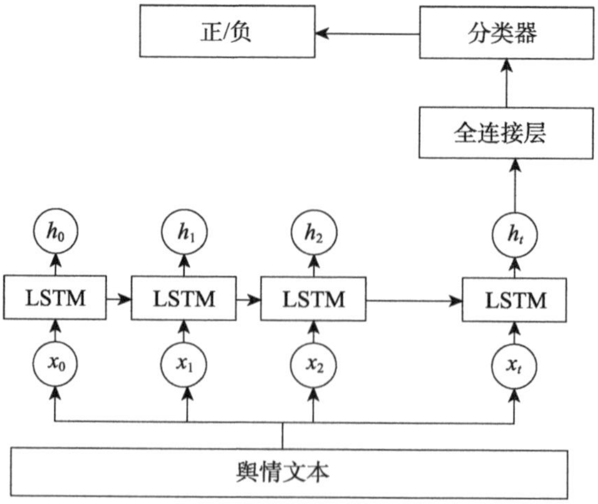


图 2-6　模型结构图

# 2.3 构建企业标签体系

## 2.3.1 企业标签体系的分类、含义与内容

企业标签体系可以对既定区域内每个企业进行分析，建立多个维度的企业标签，对企业进行多粒度刻画。

企业标签体系是指建立企业画像，并度量企业之间的关系。其中，既定企业标签从三个属性维度进行分析，包括注册信息属性、主要属性和附加属性。注册信息属性包括企业地理标签、企业经营标签；主要属性包括企业技术专利、企业市场、企业投资、企业竞争、企业质量、企业风险、企业关联等标签；附加属性包括人才、规模、社会影响力、信用状况、财务情况、激励机制、融资能力等标签。本书的企业标签体系主要包括企业地理标签、企业经营标签、企业技术专利标签、企业市场标签、企业投资标签、企业竞争标签、企业质量标签、企业风险标签、企业关联标签等共计九个部分。

### 1. 企业地理标签

企业地理标签刻画某一个企业所具有的地理特征，将企业归属到既定区域空间单元中。通过企业地理标签，对照既定区域空间单元，将企业划分到省、自治区、直辖市等一级行政区划单元与地、市、州、盟和县、市、区、旗等二、三级行政区划单元，同时也能划分到各类区域，如京津冀、长江经济带、长江三角洲地区、粤港澳大湾区等。

### 2. 企业经营标签

企业经营标签刻画某一个企业所具有的经营特征，获知企业的基本经营情况和规模大小，并进一步得到企业间合作关系。企业经营标签包括企业名称、企业法人、企业类型、企业监管部门、企业注册资金、企业经营范围。

### 3. 企业技术专利标签

企业技术专利标签刻画某一个企业所具有的创新特征。专利作为创新行为的表现载体，可以根据专利质量和数量对企业创新能力进行评估，进一步得到企业间竞争关系。企业技术专利标签包括专利编号、专利名称、专利内容。

### 4. 企业市场标签

企业市场标签能够综合评价企业的市场能力，包括企业集中区域情况、企业

市场订单金额范围、同赛道企业市场订单总数量和金额、关键竞争者和潜在合作方等信息。

5. 企业投资标签

企业投资标签刻画企业投资情况，主要包括该赛道主要投资机构数量、年度投资数量、金额、轮次等内容。

6. 企业竞争标签

企业竞争标签包括同赛道企业数量、同赛道企业数量增长率、存活率，以及企业在同赛道按企业技术、投资、市场、申报政策情况的综合评价排名等内容。

7. 企业质量标签

企业质量标签是对企业的优质程度进行刻画，包括孵化器中当前赛道优质企业数量、企业名单和企业属性。

8. 企业风险标签

企业风险标签包括企业经营合规情况、人员合规情况、人员变动情况。经营合规情况标签标识被处罚、失信、涉诉的企业名称和属性。人员合规情况包括被处罚、失信、涉诉企业法人的具体信息和数量以及相关企业名单。人员变动情况包括相关法人等重要人员变更的数据和相关企业名单。

9. 企业关联标签

企业关联标签刻画企业之间的关系，分为合作关系和竞争关系。企业合作关系通过企业之间的共现关系来衡量，具有潜在合作关系的企业的产品间存在共现关系。企业竞争关系通过企业专利信息来衡量，具有潜在竞争关系的企业在专利的核心技术中存在相似关系。

### 2.3.2 企业标签体系的构建方法与关系计算

为刻画既定企业标签体系，首先需要采集和计算企业地理标签、企业经营标签、企业技术专利标签等数据。这里参考经济标签体系构建方法，构建企业标签，包括企业间合作关系和竞争关系的计算。

1. 企业间合作关系的计算方法

计算企业间合作关系，主要利用专利合作和词共现模型判断两种方法。

通过专利的合作发表，可推断两家企业是否有业务合作关系，其合作强度计算如下：

$$s_1 = \text{pat}(I_1, I_2)$$

其中，$s_1$ 表示专利合作分数；$I_1$ 和 $I_2$ 分别表示两家企业；$\text{pat}(\cdot,\cdot)$ 表示计算企业具有共同发表专利的个数。

具有潜在合作关系的企业，其生产的产品具有上下游或者主配器件的关系，如参与“汽车制造”的企业与参与“轮胎制造”的企业之间具有潜在的合作关系。与此同时，在语义上“汽车”与“轮胎”具有一定的相关性，通过词共现模型可以挖掘这类关系。词共现是指两个词语在长度为 $k$ 的窗口中成对出现，词共现矩阵使用中文语料库生成：

$$M_{ij} = Ct_k(\text{word}_i, \text{word}_j)$$

其中，$M$ 表示词共现矩阵；$Ct_k(\cdot,\cdot)$ 表示计算在长度为 $k$ 的窗口中两个词语共现的次数。对两家企业的企业产品、企业经营范围、企业描述文本等信息（简称企业信息）进行词共现分析，分别将两家企业的企业信息分词后两两计算并求和：

$$s_2 = \sum_{a,b} M_{ab}, \ \forall a \in F_1, \ \forall b \in F_2$$

其中，$s_2$ 表示词共现合作分数；$F_1$ 和 $F_2$ 分别表示两家企业的企业信息分词结果。对专利合作分数和词共现合作分数加权求和，得到合作分数：

$$s_3 = \alpha \cdot s_1 + \beta \cdot s_2$$

其中，$s_3$ 表示两家企业的潜在合作的分数，分数越高，两家企业潜在合作可能性越大；$\alpha$ 和 $\beta$ 均表示权重参数。

### 2. 企业间竞争关系的计算方法

企业的竞争关系来自企业在相同市场的争夺，并利用方向类似的科技手段争夺市场。因此，企业间的潜在竞争关系程度，可以认为是企业技术之间的相似程度。企业的专利内容能够反映企业的技术积累，以及未来科技研究的发展趋势，体现企业的核心竞争力的水平与方向。利用不同企业所有专利内容的对比分析结果，可以得到企业间竞争关系。

利用 BM25 算法对不同专利之间的文档语义关系进行度量。将需要比较的两篇专利分别记为 $A$ 和 $B$，对 $A$ 进行句子级别的切分，每句视为一个序列，第 $i$ 个句子记为 $A_i$，根据下式计算 $A$ 与 $B$ 的语义相似度：

$$s(A,B) = \sum_{i=1}^{n} \sum_{j=1}^{A_i} W_j R(A_{ij}, B)$$

其中，$s(\cdot,\cdot)$ 表示计算专利文档相似性的函数；$n$ 表示 $A$ 的句子总数；$W_j$ 表示词语权重；$R(\cdot,\cdot)$ 表示计算词语与文档相似性的函数。

将需要计算专利内容相关性的任意两家企业的专利逐一通过 BM25 算法计算专利相似度，并对结果取平均值，可得到企业之间的业务内容关联强度。

3. 企业图谱构建

（1）对企业关系进行知识建模。定义企业图谱中的实体为企业，关系包括竞争和合作。实体具有属性，企业实体属性为企业对应的若干标签，包括企业地理标签、企业经营标签、企业技术专利标签等。

（2）对企业关系进行知识获取。通过工商注册信息获取企业信息，其中企业名作为实体，经过结构化数据处理的企业注册信息作为实体属性。经过企业的相关研报分析，从非结构化数据中提取的关键信息，如企业年利率等同样可以作为实体属性。

（3）对企业关系进行知识存储。利用三元组 $(e_h,r,e_t)$ 存储企业之间的关系，头部实体 $e_h$ 和尾部实体 $e_t$ 均是企业名称，关系 $r$ 表示竞争或者合作。利用属性图 $P_e$ 存储实体 $e$ 的属性，即企业对应的各类属性。

## 2.4 构建产业链标签体系

产业链一般具有以下特征：构成产业链的各个组成部分是一个有机的整体，它们相互联动、相互制约、相互依存，在技术上具有高度的关联性。上游产业环节和下游产业环节之间存在大量信息、物质、价值方面的交换关系，具有多样化的链接实现形式。产业链上的各个组成部分呈现出分离和集聚并存的趋势，存在着技术层次、增值与盈利能力的差异性。产业链各环节有关键和一般之分，对要素条件的需求具有差异性，也存在区域差异性。产业链受产业特征及发育状况影响，存在繁简程度的差异性。产业链之间相互交织，往往呈现出多层次的网络结构，存在主链条和次链条的区分。对产业链标签体系的结构化、标准化、属性化、链条化非常重要。

### 2.4.1 产业链标签体系的分类、含义与内容

产业链标签体系通过标注产业部门之间的关联关系，直观展示产业链之间的联系，从产业规模、产业结构、产业人才分析、产业投融资、产业政策、产业事件共六个维度进行分析。

1. 产业规模

产业规模标签刻画某一类产业的产出规模或经营规模。产业规模通常需要适度，规模过大会导致产能过剩，造成资源浪费；规模过小，难以形成规模效应，在一个完全竞争的环境中不易形成竞争优势。产业规模指标由产业内企业数量、产业内关键企业数量、产业内企业注册资金三项构成。

2. 产业结构

产业结构标签刻画农业、工业和服务业在经济结构中所占的比重，体现各产业的结构分布状况。产业结构的变化既会带来良好的市场机遇，也可能导致产业消亡。对产业结构的分析，既要从宏观层面掌握三大产业结构的比重，优化产业结构升级；同时也要细化产业结构分类，从微观角度分析导致产业消亡的因素，保证产业结构的良性发展。产业结构指标由三大产业企业占比、传统产业分类、新兴产业分类、细粒度产业分类四项构成。

3. 产业人才分析

产业人才分析标签刻画对产业发展产生促进作用的重要生产要素。产业人才是某个特定产业发展不可或缺的全产业链各类人才的集合。由于不同产业的属性和特征不同，支撑产业发展的人才特征也不相同。产业人才的短缺会严重制约产业的高质量发展。为聚焦产业人才分析，将产业人才分类为高层次顶尖产业人才、技术研发型产业人才、应用型产业人才三类。

4. 产业投融资

产业投融资标签衡量产业的投融资等活动的表现行为。产业投融资能够促进科技成果产业化，促进产业升级和结构调整，促进投融资改革，扩大内需，促进区域经济的平衡协调发展。产业投融资包括政策性融资和产业投资基金两种方式，能够充分发挥政府财政资金的杠杆作用，引导商业性资金的介入，优化产业结构。产业投融资指标由产业政策融资、产业投资基金两项构成。

5. 产业政策

产业政策标签包括产业领域、产业所包含的企业类型、政策类型、补贴金额、产业政策的发布部门、政策文本等。

6. 产业事件

产业事件标签包括产业投融资事件和产业相关突发事件等，以及事件对应的时间、地点、实体等产业事件要素及其属性和关系等。

### 2.4.2 产业链标签体系的技术方法与路径

为构建产业链标签体系，需要对包含产业规模、产业结构、产业人才分析、产业投融资指标在内的数据进行收集和处理。此处参考经济标签体系指标构建方法，对产业标签进行构建。不同之处在于，为了对产业要素进行更精细化的建模，需要融入细粒度的企业信息，对产业规模和产业结构进行计算和分析。

本节的技术方法包括构建基于 BERT 的产业领域预训练语言模型 IndBERT、构建产业节点分类标准、构建基于企业到产业节点的分类方法和构建产业人才库。

#### 1. 构建基于 BERT 的产业领域预训练语言模型 IndBERT

由于缺乏有效的企业所属行业的分类方法，现有研究中均是利用人工的方法，通过对企业的经营范围、主营业务、产品介绍和官网简介等内容进行分析和比对，完成对企业所属产业的分类工作。因为缺乏有效的标注数据，所以无法使用现有的监督模型进行训练。同时，直接使用无监督的聚类方法进行企业到产业节点的分类，存在准确率偏低、无法准确学习领域内特征的问题。

基于上述问题，结合现有自然语言理解研究中预训练语言模型的技术发展，本书提出构建基于 BERT 的产业领域预训练语言模型产业 IndBERT。IndBERT 模型的预训练和 Fine-tune（精调）过程如图 2-7 所示。

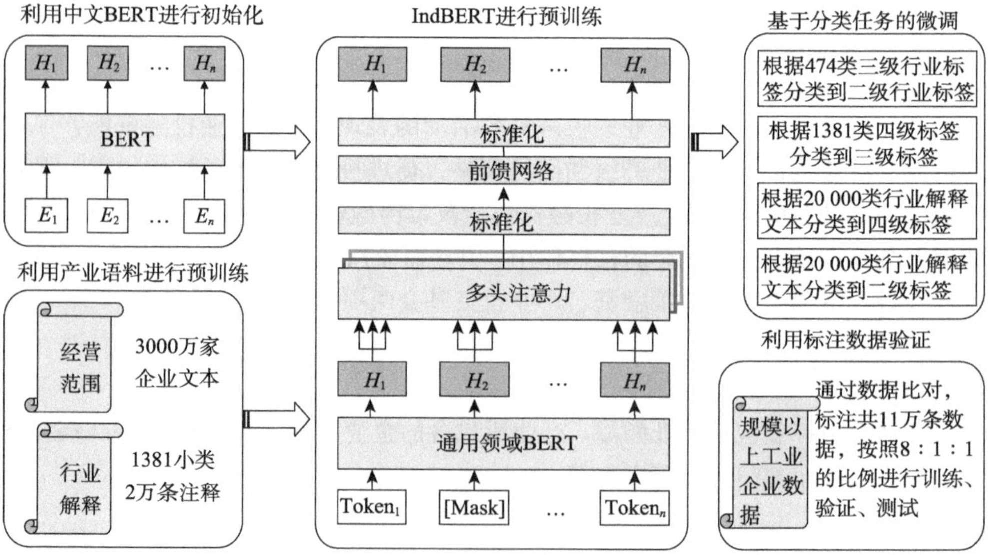


图 2-7 IndBERT 的预训练和精调结构图

首先，利用已经在通用领域进行预训练的中文 BERT 作为权重初始化。其次，为了进一步捕获产业领域的相关特征，利用 3000 余万家企业的经营范围文本数据，采用掩码语言模型（masked language mode）训练任务，进行产业领域的预训练表示学习，获得产业领域的词向量表示。为了实现企业对产业的分类，在行业注释数据集上，再进行分类任务的微调。最后，通过构建一个 11 万数据量的规模以上工业企业经营范围与行业的分类数据集，验证本预训练语言模型的有效性。

### 2. 构建产业节点分类标准

为适应不同需求的产业分类情况，设立三套产业分类标准。根据权威机构发布数据，总结传统产业节点分类标准；根据时代发展趋势和社会关注度，提出新兴产业分类标准；根据国家统计局注释文件，构建细粒度产业分类标准。

（1）传统产业节点分类标准。国家统计局《2017 年中国投入产出表》中统计的产品部门共计 149 个。为了便于与传统行业分类标准进行比较和融合，结合《国民经济行业分类》（GB/T 4754—2017）中的 97 个行业大类，通过对产业部门进行合并，整理出 88 个产业部门。这种产业节点分类标准，能够很好地结合国家统计局发布的产业投入产出表数据，将宏观数据和微观数据进行结合。

（2）新兴产业节点分类标准。基于权威机构发布的行业金融研报和新闻媒体事件内容，利用大数据分析技术，经咨询分析师确认，最后交由权威经济学家进行梳理，获得了 212 个详细产业分类，包括互联网出行、电视游戏行业、人工智能、支付类服务业等。经过整理后的新兴产业，能够弥补传统产业中无法涉及的交叉产业，突出时下的热点内容以及新兴产业的表现力和发展力。

（3）细粒度产业节点分类标准。根据国家统计局《2017 年国民经济行业分类注释》（网络版）中的行业分类，对传统行业进行 4 级分类，其中包括 1 级分类 20 类、2 级分类 97 类、3 级分类 474 类和 4 级分类 1381 类。通过对产业节点进行细粒度的 4 级分类，可以掌握产业的演进发展规律。

### 3. 构建基于企业到产业节点的分类方法

利用企业经营范围与产业名称相似度，进行产业分类。利用《国民经济行业分类》（GB/T 4754—2011）的产业分类描述，匹配企业图谱节点附带的经营范围及标注经营标签的属性描述，判断企业的经营类别，从而构建企业–产业的映射关系，算法结构图如图 2-8 所示。

本书提出语义桩分类算法，将企业分类到产业中。该算法是针对企业分类需求提出的一种新颖的分类方法。首先，企业的经营范围中动词从属的名词具有近似关系，构建语法树对企业的经营范围进行分析，将其分解为动词+名词的形式，

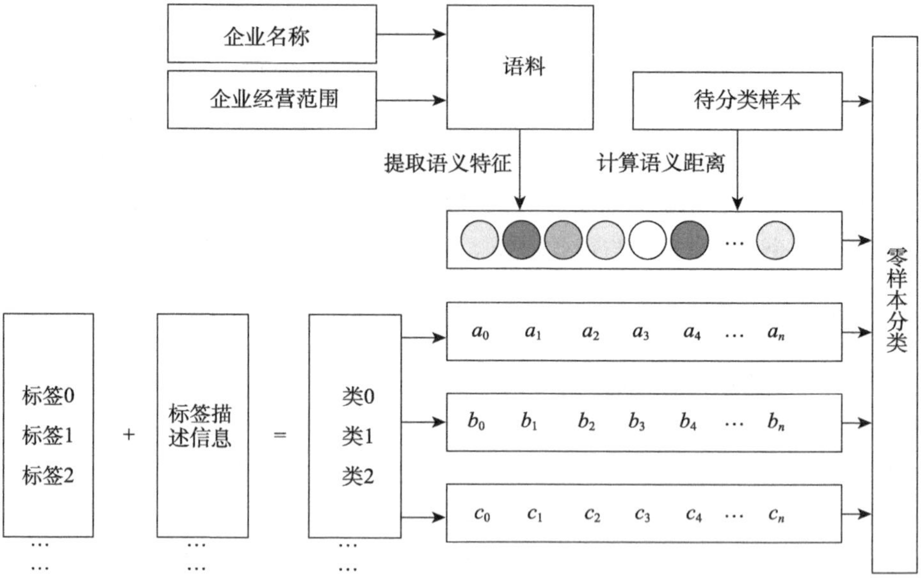


图 2-8 企业分类算法结构图

如“制造皮鞋、皮衣、皮裤”分解为“制造皮鞋”“制造皮衣”“制造皮裤”等三个动名词词组。对所有企业的经营范围进行分析，构建以动词为根节点、名词为叶节点的产业词语树，如对动词“制造”，结构如图 2-9 所示。

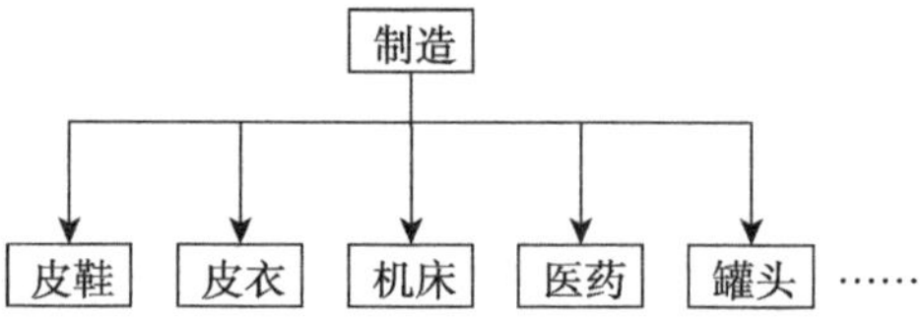


图 2-9 经营范围分析树结构

其次，将动词 $v$ 对应的产业词语树记为 $v_{\text{tree}}$，对 $v_{\text{tree}}$ 的叶节点根据名词对应的产业词向量之间的余弦距离，使用 $K$-means 进行聚类，并记录每个聚类结果的聚类中心。对所有的产业词语树进行如上操作，记录所有的聚类中心，每个聚类中心称为语义桩，即通过语义桩表示具有相似语义的一组词语，每个语义桩作为矩阵的行得到语义桩矩阵 $S \in R^{K \times M}$，其中 $S_i$ 表示第 $i$ 个语义桩，$K$ 表示语义桩总数，$M$ 表示词向量维度。

然后，对每个产业的描述信息进行分词和去除停用词操作，得到产业关键词。利用余弦距离寻找每个产业关键词距离最为相近的语义桩，得到每个产业的语义向量，计算公式如下：

$$D_{ij}=\sum_{k=1}^{n_i}\sigma(\mathrm{Ind}_{ik},S_j)/n_i,\ \ D\in R^{N\times K}$$

$$\sigma(I_{ik},s_j)=\begin{cases}1,\ S_j\text{是}I_{ik}\text{余弦距离最近的语义桩}\\0,\ \text{其他情况}\end{cases}$$

其中，$D_{ij}$ 表示第 $i$ 个产业对应的语义向量第 $j$ 个元素；$N$ 表示产业总数；$n_i$ 表示第 $i$ 个产业的关键词总数；$\mathrm{Ind}_{ik}$ 表示第 $i$ 个产业的第 $k$ 个关键词的词向量；$S_j$ 表示第 $j$ 个语义桩；$\sigma(\cdot,\cdot)$ 表示计算当前语义桩是否为关键词最近邻向量的函数。

最后，将待分类的企业的特征标签转换为矩阵 $H\in R^{P\times M}$，其中 $P$ 表示特征词总数，$H_i$ 表示第 $i$ 个特征词对应的词向量。计算特征标签与语义桩的相似度，公式如下：

$$C_{ij}=\cos\mathrm{sim}(H_i,S_j),\ \ C_{ij}\in(0,1)$$

其中，$C\in R^{P\times K}$ 表示语义桩相似度矩阵；$C_{ij}$ 表示第 $i$ 个特征标签与第 $j$ 个语义桩的余弦相似度；$\cos\mathrm{sim}(\cdot,\cdot)$ 表示计算词向量余弦相似度的函数。在产业关键词分布为语义桩权重的条件下，每个特征标签与不同产业的相关性度量计算方法如下：

$$E=C\cdot D^{\mathrm{T}},\ \ E\in R^{P\times N}$$

其中，$E$ 表示产业相似度矩阵；$E_{ij}$ 表示企业第 $i$ 个特征标签与第 $j$ 个产业的相关性，$E_{ij}$ 越大，特征标签与产业相关性越强。由产业相似度矩阵可以得到企业从属产业分类，计算公式如下：

$$A_i=\underset{j}{\mathrm{argmax}}\,E_{ij}$$

$$\hat{\imath}=\underset{i}{\mathrm{argmax}}\sum_{k=1}^{p}\gamma(A_k,i),\ \ i\in(1,N)$$

$$\gamma(A_k,i)=\begin{cases}1,\ A_k=i\\0,\ A_k\neq i'\end{cases}$$

其中，第 $\hat{\imath}$ 个产业表示待分类企业的所属产业。

4. 构建产业人才库

为了更好地描述与分析产业人才的相关内容，构建全国产业人才数据库，通过收集、整合相关产业人才的数据，了解人才个体的发展变化，最大化地呈现人才的价值，为政府、企业、高校等制定更为精准的人才政策和引进计划提供数据支撑，实现“精准引智”与“精准管理”。

将产业人才划分为三类：高层次顶尖产业人才、技术研发型产业人才、应用型产业人才。人才数据需要以政府数据为主导、市场主体进行补充、社会组织适当参与的数据组织方式进行收集。

（1）政府数据。将政府颁发的各级奖项，尤其是创新创业、先进个人等有关的人才奖励，以及政府发布的个人荣誉称号等数据，作为高层次顶尖产业人才和应用型产业人才的数据统计来源。

（2）市场主体数据。通过分析企业发表的专利以及企业中的高级技工等对象，了解各个企业及所属产业的人才分布。这部分的人才数据作为技术研发型产业人才和应用型产业人才的数据来源。

（3）社会组织数据。依靠高校、猎头和职业社交平台等挖掘人才数据。其中，高校中的教师和学生数据资源，一方面能够提供创新研发的产业发展方向，另一方面也会催生一批应用创业人才。猎头和职业社交平台的数据支撑，能够充分发挥市场的力量，吸引专业智库、中介服务机构等第三方机构参与。这部分的人才数据作为高层次顶尖产业人才、技术研发型产业人才、应用型产业人才的数据来源。

## 2.5 区域空间单元产业链本底评估

### 2.5.1 产业图谱中的产业链特征抽取

基于区域空间单元内企业的综合数据，抽取产业链特征，并利用区域空间单元中的标签体系、企业标签体系和产业链标签体系，形成完整的数据标签结构，构建基于空间–产业–企业的产业图谱。

产业图谱构建的基本原理如图 2-10 所示。通过空间单元标签体系获得空间单元内的统计指标，利用海量的企业标签体系数据，进行大数据分析计算，可得出产业链标签体系。其中，企业关联关系可以映射为产业链之间的关联关系，进而

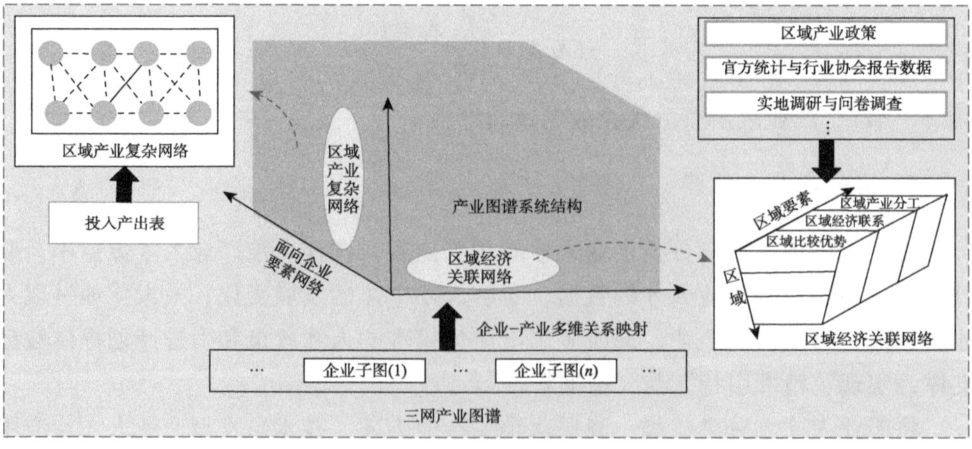


图 2-10 产业图谱结构

通过产业要素的精细化建模，更新产业链标签之间的关联关系。

### 2.5.2　基于产业图谱的区域空间单元产业链评估

在产业图谱数据结构构建的基础上，将基于产业图谱和基于传统产业复杂网络的产业链关联关系计算方法进行结合。本节的技术方法包括产业图谱构建和基于投入产出理论的产业链抽取。

1. 产业图谱构建

构建产业图谱的前提是获得全国投入产出表、产业部门描述信息和行政区划关系等数据。参考经济标签体系构建方法，对以上数据、标签进行收集、整理和存储。

根据企业标签体系，获得企业相关属性信息 $C=\{C^{\text{name}},C^{\text{capital}},C^{\text{address}},C^{\text{business}},C^{\text{patent}}\}$。其中，$C^{\text{name}}$ 表示企业名称，$C^{\text{capital}}$ 表示注册资金，$C^{\text{address}}$ 表示企业地址，$C^{\text{business}}$ 表示企业经营范围，$C^{\text{patent}}$ 表示企业专利。计算得出企业合作关联网络 $\text{cooperation}_{pq}$，表示企业 $C_p$ 和企业 $C_q$ 之间的合作关系；企业竞争关联网络 $\text{competition}_{pq}$，表示企业 $C_p$ 和企业 $C_q$ 的竞争关联关系，并通过企业合作关联网络和企业竞争关联网络加权计算，得到企业关联网络 enterprise，enterprise 中每个元素具体计算为

$$\text{enterprise}_{pq}=\alpha\cdot\text{cooperation}_{pq}+\beta\cdot\text{competition}_{pq}$$

其中，$\text{enterprise}_{pq}$ 表示企业 $C_p$ 和企业 $C_q$ 的企业关联关系；$\alpha$ 和 $\beta$ 表示权重。

基于企业到产业节点的分类方法，计算出每个企业所属的产业分类，记为 $C_p\in I$。根据企业关联网络更新产业关联网络为 NET，NET 中每个元素具体计算为

$$\text{NET}_{ij}=\alpha\sum_{\substack{p,q=0\\q>p}}^{M}\sum_{i,j=0}^{K}\frac{\text{industry}_{ij}(C_p^{\text{capital}}+C_q^{\text{capital}})}{\text{industry}_{ij}+\text{industry}_{ji}}\text{enterprise}_{pq}+\text{industry}_{ij}$$

其中，$\text{NET}_{ij}$ 表示动态更新后的产业关联网络 $i$ 产业部门对 $j$ 产业部门的关联关系；$\alpha$ 表示权重系数；$M$ 表示企业总数；$K$ 表示每个企业与产业相似度前 $K$ 个最小值。

利用区域关联网络、产业关联网络和企业关联网络形成三网产业图谱，记为 $G(A,\text{NET},\text{enterprise},\theta)$，其中 $A$ 表示行政区划关系，NET 表示产业复杂网络，$\theta$ 表示网络之间的关联关系。

2. 基于投入产出理论的产业链抽取

根据区域网络、产业网络和企业网络构建了三网产业图谱，在此基础上，借

鉴经济学中投入产出理论的方法，抽取上下游产业链。计算产业之间的关联关系，得到产业间的强关联关系。具体地，对上下游关联关系设定阈值，当产业间的关联关系超过阈值则认为是强关联关系，否则不存在关系。这里阈值的选取利用了 WT 指数方法，计算方法如下。

假设存在 $n$ 个产业，将 $A$ 矩阵每一列按降序排列，则第 $j$ 个产业的第 $i$ 项 WT 指数为

$$w(i,j)=\sum_{i=1}^{n}\left[s(x,i)-100\times\frac{A_{xj}}{\sum_{l=1}^{n}A_{lj}}\right]^2$$

其中

$$s(x,i)=\begin{cases}\dfrac{100}{i}, & x\leqslant i\\ 0, & x>i\end{cases}$$

将产业图谱中产业关联关系取对应的阈值，大于阈值的为强关联关系，否则为弱关联关系。

## 2.6 实际案例

本书采用部分区域作为案例样本进行实证分析，验证区域空间单元产业链的精准评估的可行性。

利用精准评估的技术方法，构建既定区域的空间单元标签体系、企业标签体系、产业结构指标标签体系，并对区域空间单元产业链本底评估中的产业图谱进行可视化。

### 2.6.1 空间单元和企业标签体系

1. 经济开发区市场主体指标

以东湖高新区为例，共统计了 35 735 家企业，其中标有明确注册资金的企业为 31 575 家。从注册资金角度，对东湖高新区产业进行统计分析排序，其中建筑装饰、装修和其他建筑服务业平均注册资金最高，为 18 585.01 万元。平均注册资金前 10 名的企业主要集中在货币金融、保险、资本市场服务业、房地产和研究业等资金密集型产业。而企业数较多的科技、互联网、计算机等行业则分别排在 17 名、42 名、22 名，平均注册资金为 1000 万~3000 万元。将注册资金超过 1000 万元的企业视为关键企业，东湖高新区共计 5998 家关键企业。对关键企业进行分析，构建市场主体指标。根据东湖高新区产业中的关键企业数排名，其中科技推广和

应用服务业最高，为 1440 家，其余前 10 名的产业中，关键企业分布大致与企业总数分布相同。按照关键企业在对应产业中占比排名，保险业最高，为 61.90%。其余产业主要集中在金融、资本服务、房地产等资金密集型和煤炭等采选产业。

2. 行政区域市场主体指标

以河南省南阳市镇平县为例，共统计了 4883 家企业，其中标有注册资金的企业为 3077 家。从注册资金角度，将镇平县产业根据平均注册资金进行排名，其中货币金融和其他金融服务业平均注册资金最高，为 12 718.5 万元。平均注册资金前 10 名主要集中在货币金融、社会保障、商务服务等资金密集型产业和橡胶制品、纺织业等重点产业，而企业数较多的家具制造业、传媒、娱乐用品制造业和纺织服饰业则排在 65 名、58 名、68 名、77 名，平均注册资金为 400 万元。将注册资金超过 1000 万元的企业看作关键企业，镇平县拥有关键企业共 568 家。根据镇平县产业中的关键企业数排名，其中家具制造业最高，为 105 家。其余前 10 名的产业中，关键企业分布大致与企业总数分布相同。按照关键企业在所在产业占比排名，生态保护和环境治理业最高，为 52.94%。其余产业主要集中在农林牧渔等传统第一产业和土木建筑、房地产等建筑相关业。

3. 经济开发区构建人口指标

东湖高新区中有大量就业人口，将东湖高新区各个产业的人才按照高层次顶尖产业人才、技术研发型产业人才、应用型产业人才三类人才进行划分并收录到人才库中，将产业与人才库进行对应，构建产业人才网络。

### 2.6.2　产业结构指标标签体系

1. 产业结构

以东湖高新区为例，开发区包含诸多产业，包括传统产业和新兴产业。从产业分布角度，对东湖高新区的企业在 88 个产业部门中的分布进行统计。其中，科技推广和应用服务业的企业数最多，为 7701 家，其次为互联网和相关服务业，为 6338 家。分析产业分布的前 10 名，东湖高新区的产业主要集中在科技、互联网、计算机、传媒等高新技术服务业。分析产业分布的后 10 名，东湖高新区中金属加工、烟草制品、纺织业等劳动力密集型、高能耗企业较少。对传统产业的产业关联关系进行产业链抽取分析，结果表明：东湖高新区存在传统产业之间的关联关系共 3843 组，其中存在下游关系 2329 组，上游关系 1514 组。通过与《2017 年中国投入产出表》抽取的传统产业之间的关联关系进行比较，全国传统产业之间的关联关系共 3426 组，其中存在下游关系 1713 组，上游关系 1713 组。

以东湖高新区产业分布前三名的产业（科技推广和应用服务业，互联网和相关服务业，计算机、通信和其他电子设备制造业）为研究对象，全国产业链包括55组上游产业链和49组下游产业链，东湖高新区产业链包括99组上游产业链和131组下游产业链（图2-11）。相较于全国传统产业链，东湖高新区在上游产业链多出0.8倍，下游产业链多出1.67倍。

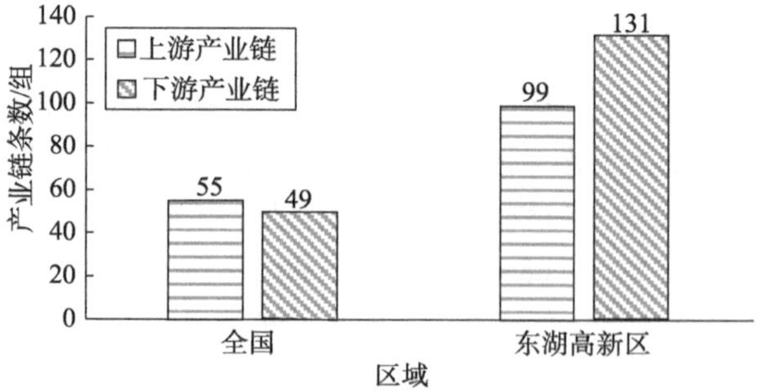


图2-11　全国和东湖高新区传统产业链对比情况

2. 产业创新

以东湖高新区为例，对东湖高新区的产业创新情况进行统计。统计产业中，拥有专利的产业有47个。其中，专利数最多的产业为互联网和相关服务业，共计拥有9219项专利。专利拥有数排名前十的产业，主要集中在互联网、计算机、电气、科技推广等高新技术产业。

东湖高新区的创新发展与新兴产业的发展息息相关。对东湖高新区的新兴产业进行分析，首先，从产业分布的角度对比东湖高新区的传统产业分类（图2-12），

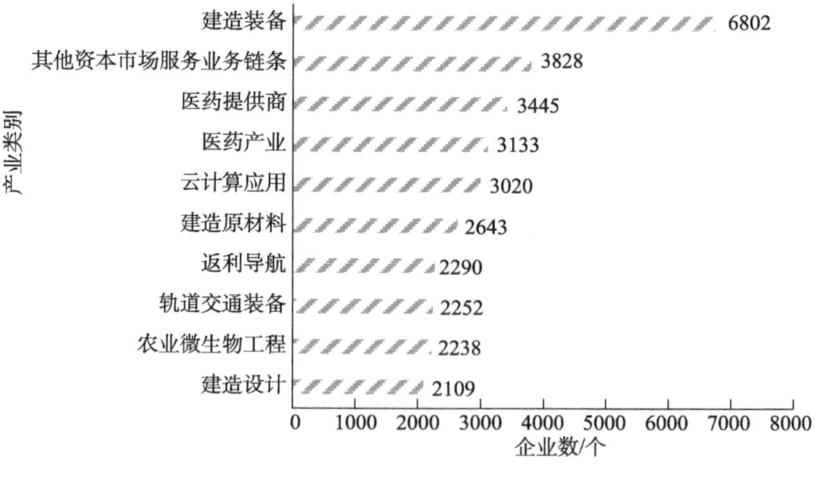


图2-12　东湖高新区新兴产业分布前十的产业

发现：东湖高新区产业分布最多的为建造装备业，共计 6802 家企业，这表明东湖高新区在制造业方面，主要围绕智能装备和智能工厂；其次，医药提供商、医药产业和云计算应用等领域在东湖高新区的产业分布也在前十名，符合目前东湖高新区在生物医药行业的进一步投入和发展趋势。

东湖高新区新兴产业间存在产业关联关系 1681 组。其中，关联关系较大的产业节点包括金融融资类，如金融业、类银行、供应链金融服务业、天使投资基金业务和私募股权投资基金业务等，表明东湖高新区汇聚了大量的投融资产业，同时也包括需要融资的小型科创企业；其次是高科技相关产业，如专业化技术服务、视觉传达、大数据处理、软件配置管理、综合科技服务等，这表明东湖高新区的主要发展方向仍然趋向于高科技发展产业，利用现有的产业基础，积极完成产业融合，促进传统产业转型；其他包括基础制造业，如玻璃基板、建造设计、发光二极管等。

相较于全国传统产业链，东湖高新区在科技领域拥有更加完善的产业配套，形成了一定的集群创新效应。从上游产业看，全国的高科技产业的上游产业主要集中在服务型产业，而东湖高新区除服务型产业外，还包括部分制造业。从下游产业看，以软件行业为例，全国软件产业下游集中在互联网、住宿业、计算机、货币金融等产业，东湖高新区软件产业下游不仅包括互联网、计算机、金融等需要软件辅助的产业，还进一步向煤炭、金属等采选产业和制造业延伸。结合东湖高新区产业的关键企业分布，部分传统制造业和服务业充分利用东湖高新区先进的高科技产业的发展红利，带动企业转型。

# 第 3 章

# 区域产业发展的精准预测

区域与产业是一种平衡发展的关系，其关联关系会随着环境和条件的变化而动态演化。区域与产业的关联演化规律和发展趋势较为复杂，不能只简单抽象地刻画。而现有方法过多依赖小样本调研和定性分析，无法站在经济发展和技术进步的前沿洞察区域产业发展的驱动力。针对这一局限，本章构建四种不同的区域产业发展的精准预测技术方法，分别是：基于专利、人才、资本、企业等要素禀赋，基于产业链演进规律和趋势，基于投入产出表，基于上下游供应链的方法，并提出相应的空间单元产业发展趋势预测方法和产业链的推荐逻辑。

## 3.1 精准预测的主要方法

本节首先介绍区域产业精准预测中涉及的关键技术方法，包括知识表示、知识融合与演化、知识检索、精准预测等，框架如图 3-1 所示。

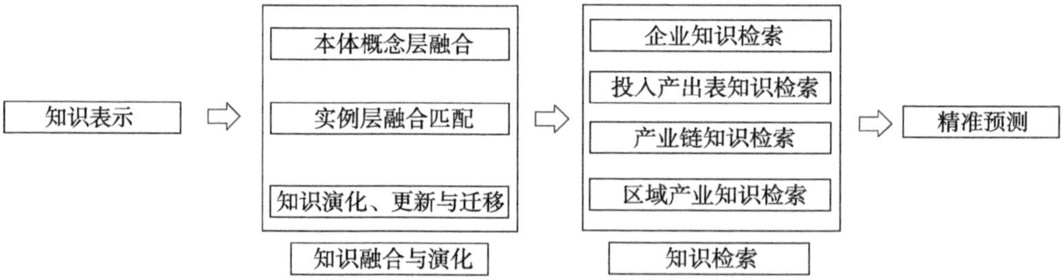


图 3-1 技术框架图

### 3.1.1 知识表示

知识表示将实体或关系投影至低维连续的向量空间中，实现实体或关系的分布式语义表示。在早期的研究中，知识表示方法主要以计算复杂度较高的结构向量模型为主，之后逐渐出现了 TransE、RotatE 等基于距离的模型，它们更加简单且易扩展。随着深度学习的发展，为了实现更具表达力的实体关系嵌入，ConvE、ConvKB 等基于神经网络的模型被相继提出。此外，R-GCN（relational graph convolutional networks，关系图卷积网络）、CompGCN（composition-based muti-relational graph convolutional networks，多关系图神经网络）等方法能够有效捕获知识图谱的空间结构信息，解决了之前模型无法聚合三元组邻域信息的问题。

如图 3-2 所示，通过实体嵌入和实体映射的方法来表示知识库中的实体及其邻域实体，进而利用图卷积网络方法，充分捕捉实体中的多维度信息和图谱结构信息，有效提取实体之间的语义关系，从而构建基于该知识库实体的知识表示。

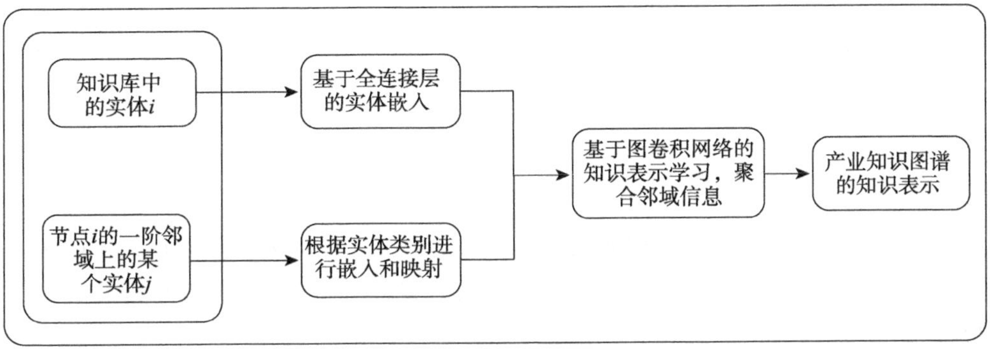


图 3-2　知识表示框架图

### 3.1.2　知识融合与演化

知识图谱包含描述抽象知识的本体层和描述具体事件的实例层。本体描述的内容在语义上往往重叠或关联，但使用的本体在表示语言和表示模型上却具有差异，这就造成了本体异构。与此同时，知识图谱中的大量实例存在指代歧义的异构问题，即同名实例可能指代不同的实体或不同名实例指代同一个实体。为了解决以上异构问题，知识融合与演化将不同来源的知识进行对齐、消歧、合并、更新。现有的方法包括基于字符串相似性及基于知识表示的实体对齐方法等。

1. 本体概念层融合

本体集成与本体映射通过本体间的关联关系和映射规则，消除本体异构问题，达到异构本体间的互操作。图 3-3 和图 3-4 展示了本体集成和本体映射方法。

为了避免本体异构问题，在预处理来源广泛的基础数据时，根据实体属性，利用本体集成和本体映射的方法，实现本体概念层的融合。

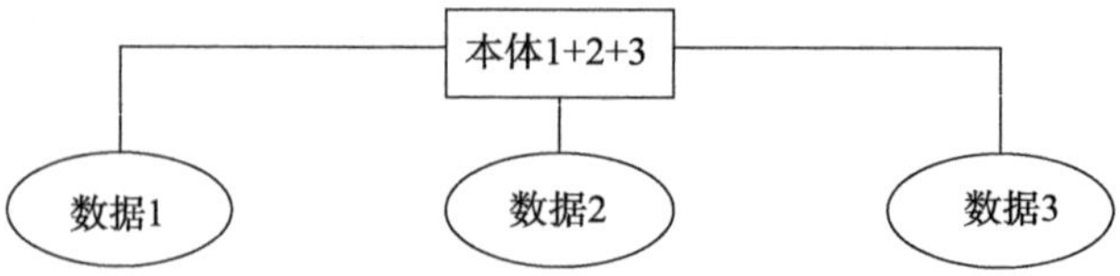


图 3-3　本体集成示意图

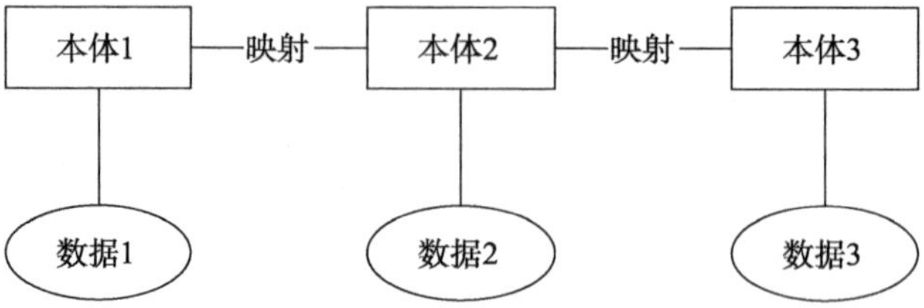


图 3-4　本体映射示意图

### 2. 实例层融合匹配

实例匹配与本体匹配有相似之处，但实例匹配需处理大规模数据，要解决时间复杂度和空间复杂度高的问题。目前使用的实例匹配方法包括相似度计算、规则匹配、分治的实例匹配和学习匹配等。

在对基础数据进行处理时，需要对冗余和不符合要求的实例对进行过滤，以减少实例匹配时的比较次数。

### 3. 知识演化、更新与迁移

在知识图谱构建过程中，会不断出现新的知识，从而使整个领域的知识结构出现变化。因此，需要持续更新已构建的知识图谱，保证知识图谱的正确性和完整性。若每次出现新知识时，均从头开始标注训练数据和构建知识图谱，会耗费大量的计算资源和人力资源。构建新领域知识图谱时，若能将已学习到的知识快速迁移至新领域，实现知识抽取方法的普适性，会极大减轻构建新领域知识图谱的工作量。

基于知识记忆增强的增量学习模型，只需对少量新数据进行训练，即可实现新知识出现时的模型微调，降低训练代价的同时，还能避免灾难性遗忘。首先，根据领域内知识彼此息息相关的特性，构建一个特定的领域空间。针对已有知识进行文本信息和节点信息编码，并使用正则化方法限制本领域知识抽取模型的边界。当本领域出现新知识时，考虑到新知识必然在同一领域空间，可以使用相同的正则化方法，将新知识固定至原有知识空间，完成知识演化后对新知识的空间一致性要求。其次，考虑知识抽取模型对新知识和原有知识的更新梯度方向一致性，可以避免重新标注和训练模型产生的效率问题，大大降低训练本领域新知识所需的样本数量。最后，利用训练的投影函数将新领域知识投影至已有领域的空间范围，并将其作为本领域新知识，训练已有的知识抽取模型，实现从已有领域到新领域的迁移。知识演化、更新与迁移框架图如图 3-5 所示。

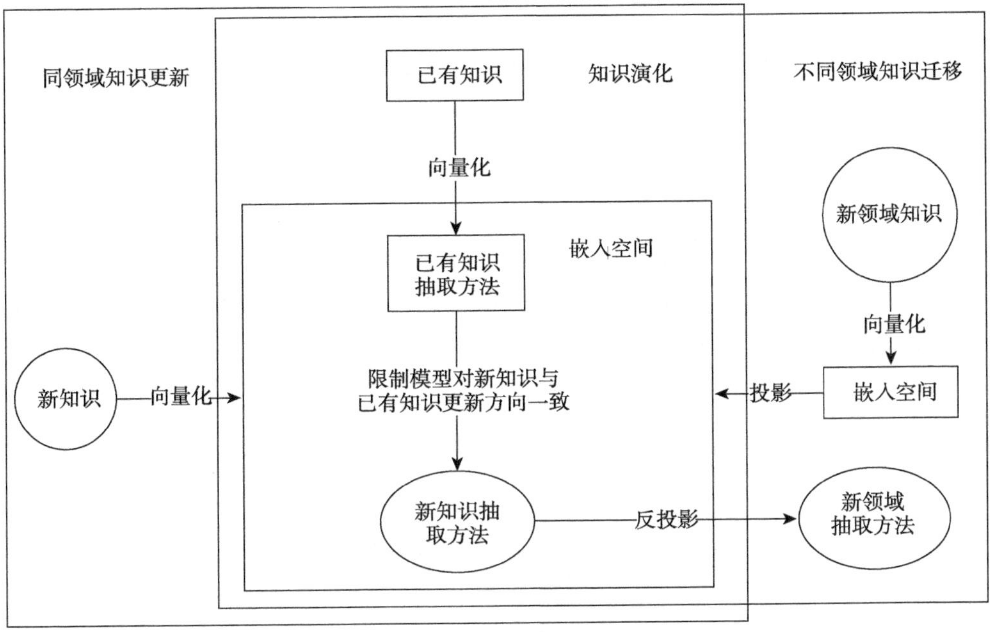


图 3-5　知识演化、更新与迁移框架图

### 3.1.3　知识检索

建立知识图谱后，根据需求在知识图谱上进行检索，为精准预测提供基础信息。本节知识检索包括企业知识检索、投入产出表知识检索、产业链知识检索和区域产业知识检索。

1. 企业知识检索

企业知识包含企业的基本信息、专利数据、人才数据、投资数据等，以结构化的“实体—关系—实体”的形式存储，具体关系如图 3-6 所示。利用企业为关键词，对既定空间单元内的企业关系进行检索，可以获得以检索企业为中心节点的企业图谱子图。企业图谱子图仍是产业知识图谱的一部分，可以用于后续企业信息的图谱分析。

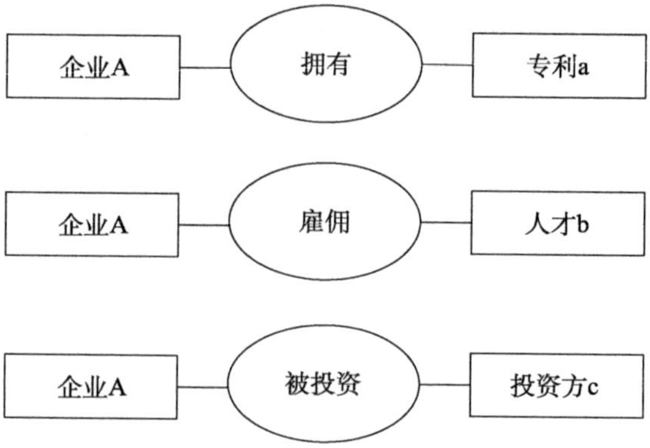


图 3-6　企业“实体—关系—实体”三元组

2. 投入产出表知识检索

投入产出表的计算结果以结构化三元组“实体—关系—实体”的形式，存储于产业知识图谱中，如图 3-7 所示。

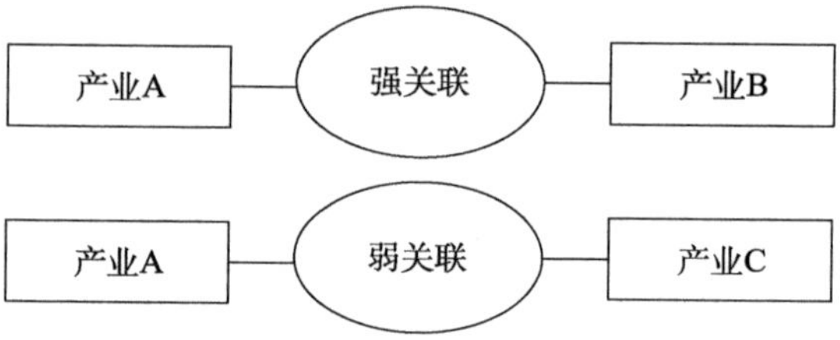


图 3-7　所用投入产出表三元组

以产业名为关键词在产业知识图谱中进行检索，根据不同的关系强度抽取强关联关系子图和弱关联关系子图。产业强关联关系子图可以从投入产出表的角度，分析该产业与其他产业的正相关性。反之，弱关联关系子图可以分析负相关性。

3. 产业链知识检索

产业链知识以结构化三元组“实体—关系—实体”的形式，存储于产业知识图谱中，如图 3-8 所示。

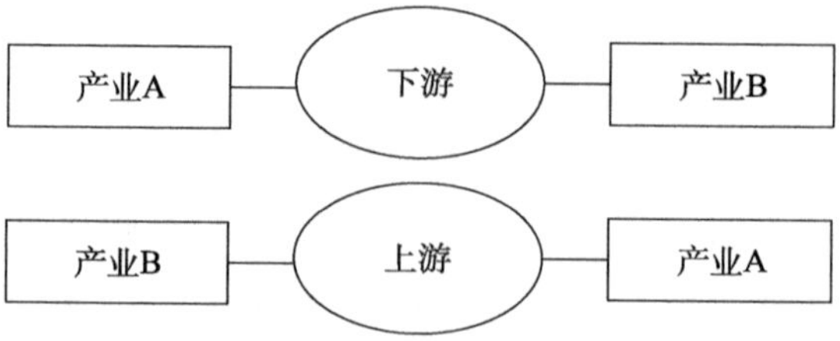


图 3-8　产业链三元组

产业链知识的关系具有互逆性，即上游关系与下游关系对同样的产业具有互逆性。以产业为关键词在产业知识图谱中进行检索，得到产业链的上游或下游子图，利用这些子图可以对产业链知识进行进一步分析。

4. 区域产业知识检索

产业知识图谱包含了区域产业相关知识，并以结构化三元组“实体—关系—实体”的形式存储，如图 3-9 所示。根据统计信息，既定区域每年新增企业会被收集加入产业知识图谱中。根据政府报表等信息，可以得到既定区域需重点发展的产业，并加入产业知识图谱中。以既定区域为关键词在产业知识图谱中进行检索，得到区域产业子图，进行下一步区域产业分析。

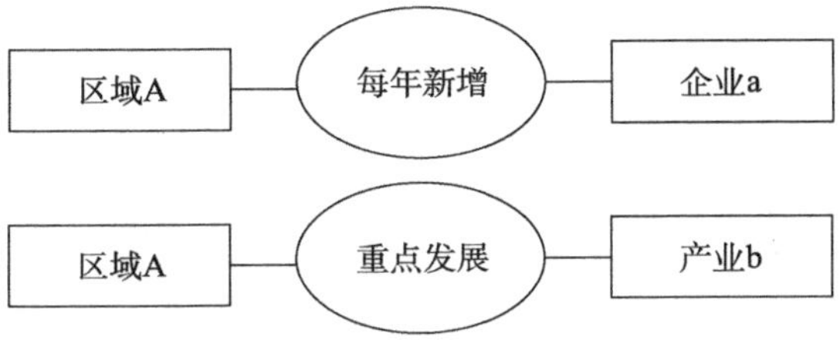


图 3-9　区域产业三元组

### 3.1.4　精准预测

对已构建的产业图谱进行基于要素禀赋、基于产业链演进规律和趋势、基于投入产出表、基于上下游供应链的区域空间单元产业发展趋势预测，并提出对应的产业链推荐逻辑。

## 3.2　基于专利、人才、资本、企业等要素禀赋的区域空间单元产业发展趋势预测方法和产业链推荐逻辑

基于专利、人才、资本、企业等要素禀赋对既定区域空间单元产业发展趋势的预测和产业链推荐，主要采用比较经济学中的比较案例研究方法，寻找与既定区域空间单元标签体系相近但产业发展更先进的区域空间单元，比较分析两者之间的差距，衡量优劣，总结发展经验，预测产业落后的既定区域空间单元的产业发展路径。本节的技术方法包括区域空间单元发展结构化指标体系构建与融合。

### 3.2.1 区域空间单元发展结构化指标体系构建

为衡量既定区域空间单元的相似性，本节基于区域空间单元标签体系，构建了区域空间单元发展结构化指标体系。从经济发展指标、人口指标、市场主体指标、产业指标、科技创新指标、资源禀赋指标六大维度，构建 6 个一级指标、20 个二级指标的指标体系，利用熵值法测算既定区域空间单元的发展水平。指标体系的构建过程如下。

假设需要构建 $n$ 个区域空间单元，每个区域空间单元中包含 $m$ 个指标，则构成了一个 $m \times n$ 的矩阵：

$$M = \begin{bmatrix} x_{11} & x_{12} & \cdots & x_{1m} \\ x_{21} & x_{22} & \cdots & x_{2m} \\ \vdots & \vdots & & \vdots \\ x_{n1} & x_{n2} & \cdots & x_{nm} \end{bmatrix}$$

其中，$x_{ij}$ 表示第 $i$ 个地区的第 $j$ 个指标（$i = 1,2,\cdots,n$；$j = 1,2,\cdots,m$）。

对数据进行归一化，计算该指标占的比重：

$$p_{ij} = \frac{x_{ij}}{\sum_{i=1}^{n} x'_{ij}}$$

计算各项指标的熵值：

$$e_j = -k \sum_{i=1}^{n} p_{ij} \ln(p_{ij})$$

其中，常数 $k$ 表示整数，且 $k = 1/\ln(m)$。

指标的效用值取决于该指标信息熵值与数值 1 之间的差值：

$$d_j = 1 - e_j$$

各项指标的指标权重计算为

$$w_j = \frac{1 - e_j}{\sum_{i=1}^{m} (1 - e_i)}$$

样本 $x_{ij}$ 的综合评价值 $y_{ij}$ 为第 $j$ 项指标权重与标准化矩阵中第 $i$ 个区域空间单元的第 $j$ 项指标的标准化值的乘积：

$$y_{ij} = w_j \cdot x'_{ij}$$

按照以上步骤，建立区域空间单元的发展指标体系，将指标体系相近的地区作为比较对象，开展精准预测。

### 3.2.2　区域空间单元发展非结构化指标体系融合

专利、人才、资本、企业等要素禀赋中的文本、图像等数据直观反映着区域空间单元的发展状况。但这些非结构化数据属于异构数据，无法直接进行计算并与结构化指标体系进行融合。因此需要通过知识图谱中的知识融合方法，利用基于属性嵌入的实体对齐方法，在进行实体关系编码学习的同时，进行属性编码学习。使用实体消歧与实体链接等方法，实现指标合并，并通过语义表达提高知识融合的准确性。

结合区域空间单元发展的结构化与非结构化指标体系，运用比较案例研究法寻找与既定区域空间单元标签体系相近，同时产业发展更先进的区域空间单元，比较分析两者之间的差距，衡量优劣，总结发展经验，预测产业落后的既定区域空间单元的产业发展路径。

## 3.3　基于产业链演进规律和趋势的区域空间单元产业发展趋势预测方法和产业链推荐逻辑

本节利用企业工商注册数据，寻找产业集聚规律，分析并预测既定区域空间内的产业链演进情况。通过产业链集聚规律模型，实现基于产业链演进规律和趋势对既定区域空间单元产业发展趋势的预测与产业链推荐。本节的技术方法包括基于产业图谱的产业链抽取与表示、基于时间序列的产业集聚规律模型和产业发展趋势预测模型。

### 3.3.1　基于产业图谱的产业链抽取与表示

不同于常规的知识图谱，产业图谱存在着多源异构和多模态的数据特性，同时产业图谱中的实体节点及其属性关系复杂多样。因此，基于知识图谱技术中的实体与关系抽取技术来识别产业节点及其关联关系，并结合知识表示技术来抽取特定视角下的产业链。

首先，在产业实体和关联关系抽取方面，考虑不同的应用场景与应用目的，需要设计具有针对性的关系抽取规则，简化复杂的多元关系，仅考虑必要的上下游关系。为了将多源异构数据信息纳入产业图谱构建中，针对不同的模态特征，使用不同的提取算法。例如，图像数据使用 ResNet 网络，文本数据使用 Transformer 网络等，并结合注意力机制等方法，提取数据中的关键特征。对结构化指标数据，则结合多元统计、异常检测、时间序列分析、因果推断、关联规则挖掘等方法进行数据解析，从结构化数据中提取因果传递关系、拐点、时序关系等关键信息与有效知识。

其次，在产业链指标融合方面，结合产业背景知识与经济数据解析方法，对构建的产业图谱进行修正与规范。对表义相似、指代相同的实体与关系进行统一，删除冗余的知识三元组，修正错误的三元组。对结构化和非结构化指标进行知识融合，将多源异构信息映射到公共知识空间，使得表义相同或相近的实体与信息具有共同的表征，进而完成实体的对齐、消歧与链接，实现跨产业的知识和指标融合，提高产业图谱的完整性与准确性。

最后，对产业图谱进行表示学习，以便抽取更有集聚性的产业链条，为演化分析奠定基础。本书提出一种基于图卷积网络的产业链表示学习方法，克服翻译模型孤立学习每个三元组的局限性，充分利用多源、多模态信息和图谱结构信息，有效捕获产业之间的语义关联关系。此外，提出基于属性嵌入的实体对齐方法，同时进行产业关系和产业属性的表示学习。

### 3.3.2 基于时间序列的产业集聚规律模型

不同时代的社会需求会催生不同的产业关联关系。为探寻不同时间序列下，产业之间的产业集聚效应，本书利用数据挖掘技术，基于时间序列的产业发展规律，构建产业集聚规律模型，挖掘产业之间的集聚规律。

对既定区域该年注册的企业，记为 $C^{\text{year}}$，将 $C^{\text{year}}$ 所属第 $i$ 个细粒度产业记为 $C_i^{\text{year}}$。将既定区域该年对应的产业链集聚矩阵记为 $J^{\text{year}}$（$1978 \leqslant \text{year} \leqslant 2019$），其中 $J_{xy}^{\text{year}}$ 表示该年第 $x$ 个细粒度产业与第 $y$ 个细粒度产业的集聚强度。利用产业链集聚矩阵变化作为产业链演进规律和趋势的数据支撑。对于产业链集聚矩阵 $J^{\text{year}}$ 和次年的产业链集聚矩阵 $J^{\text{year}+1}$，若 $J_{xy}^{\text{year}} > J_{xy}^{\text{year}+1}$，则认为第 $x$ 个细粒度产业与第 $y$ 个细粒度产业之间的集聚关系相比之前发生了衰减，两个产业出现相互脱离趋势；若 $J_{xy}^{\text{year}} < J_{xy}^{\text{year}+1}$，则认为第 $x$ 个细粒度产业与第 $y$ 个细粒度产业之间的集聚关系相比之前发生了增强，两个产业出现相互关联趋势。

### 3.3.3 产业发展趋势预测模型

相较常规知识图谱，本书构建的产业图谱同时融入了时间属性，这使得图谱中的产业节点属性值会随时间变化。这里，利用深度学习中的序列模型，抽取基于时间序列的产业发展指数，对未来产业的发展指数进行预测。

产业发展指数预测问题定义如下。

已知第 $i$ 个产业 $D_i$ 连续一段时间的发展指数，记为 $S^i = (s_1^i, s_2^i, \cdots, s_n^i)$，其中，$n$ 表示连续 $n$ 年，预测第 $n+t$ 年的发展指数 $s_{n+t}^i$。若假设产业的发展与 $k$ 个相关产业有关，则需要在考虑本产业的发展指数与 $k$ 个相关产业条件下，预测第 $n+t$ 年的发展指数 $s_{n+t}^{i}$。

设定 $k=1$，表示每个产业的发展只与其最相关的产业有关，与其他产业无关。因此，本问题可以抽象为已知 2 个连续序列和间隔 $t$，预测第 $n+t$ 年的产业发展指数的值。

本书对 1978 年到 2019 年产业发展指标进行了整理，构建了一套标注数据集，获得了 720 万条标注样本，并使用基于孪生网络的 RNN 序列预测模型，来捕获序列间的特征内容。具体模型结构如图 3-10 所示。通过输入 1~2 个产业变长序列，组合提取的特征，使用组合后的特征预测产业发展指数。

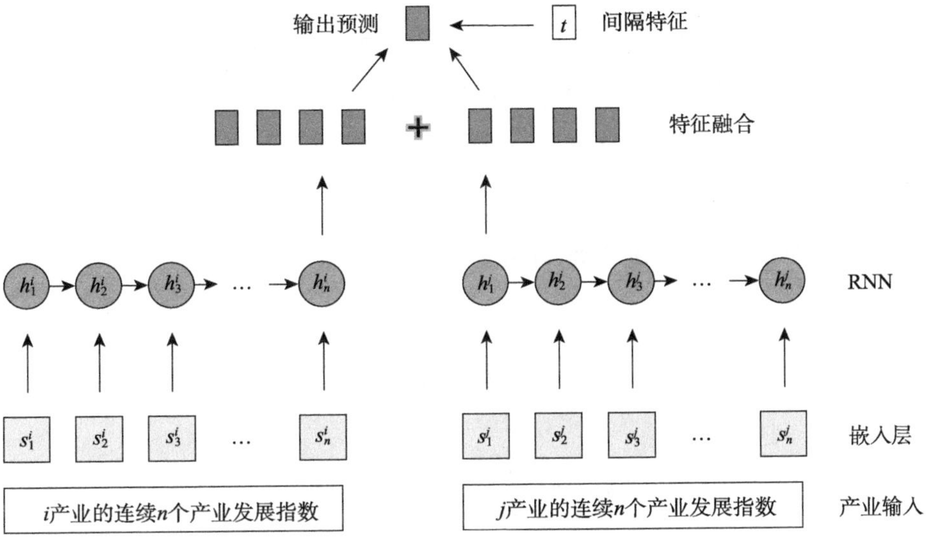


图 3-10　基于孪生网络的 RNN 序列预测模型结构图

将标注数据并行输入到嵌入层，采用单向 RNN 捕获基于时间序列的数据特征。利用孪生网络的特性，并行处理 2 个产业的发展指数。为了捕获基于时间序列的相同产业变化特征，不同产业的发展指数均采用相同的时间段 $n$ 年。在特征融合层，将 2 个不同产业的发展指数特征进行融合，并引入时间间隔 $t$ 的特征信息，最后预测出第 $i$ 个产业的第 $n+t$ 年的发展指数 $s_{n+t}^{i}$。

## 3.4　基于投入产出表的区域空间单元产业发展趋势预测方法和产业链推荐逻辑

采用经济学中的投入产出理论，对投入产出表进行建模。建立产业复杂网络，寻找具有强关联关系的产业。对既定区域空间内产业进行多角度度量，进而得到产业发展规律，实现产业链推荐。本节的技术方法主要是投入产出表分析方法。

### 3.4.1 基于入度、出度的产业关联计算

产业节点中的入度、出度直接体现了该产业对区域内其他产业的直接拉动和推动作用。

### 3.4.2 基于前向关联深度、后向关联深度的产业关联计算

前向关联深度和后向关联深度的计算公式如下：

$$C_{fpi}=\sum_{i=1}^{n}dij,C_{bpi}=\sum_{i=1}^{n}dji$$

其中，$C_{fpi}$表示前向关联深度；$C_{bpi}$表示后向关联深度；$dij$表示节点$i$与$j$之间的最短路径的长度。前向关联深度高的产业多位于产业链上游，后向关联深度高的产业多位于产业链末端。

### 3.4.3 基于中介度的产业关联计算

中介度的计算公式如下：

$$\mathrm{BC}_i=\sum_{j}^{n}\sum_{k}^{n}b_{(jk)(i)}$$

$$b_{(jk)(i)}=\frac{g_{jk}(i)}{g_{jk}}(j\neq k\neq i,j<k)$$

其中，$\mathrm{BC}_i$表示产业节点$i$的中介度；$g_{jk}(i)$表示连接$j$、$k$的最短路径中经过$i$的数目；$g_{jk}$表示$j$、$k$间的最短路径总数。中介度指的是网络中该产业处于其他产业间最短路径的概率总和，反映产业节点对产业网络中其他产业进行最优化资源交换的控制能力。

## 3.5 基于上下游供应链的区域空间单元产业发展趋势预测方法和产业链推荐逻辑

本节基于已构建的产业图谱，结合投入产出理论中的波及效应模型，实现基于上下游供应链对既定区域空间单元产业发展趋势预测和产业链推荐。本节的技术方法包括产业图谱推理模型和产业波及效应模型。

### 3.5.1　产业图谱推理模型

产业图谱推理模型包括供应链语义脚本和链条预测、上下游供应链的推理与溯源两个部分。

首先，供应链语义脚本和链条预测主要是基于上下游供应链的预测，计算未来可能发生产业事件的语义信息，捕获下一步的供应链节点目标，预测未来可能发生的产业行为动向，包括上下游供应链的层次化文本语义脚本预测。通过预训练的层次化 Transformer 编解码架构，得到系列供应链事件的结构增强语义编码，生成下一步事件的描述文本，包含事件主体、客体、动作、空间等，预测未来可能发生事件的语义信息。基于生成的新事件语义脚本，抽取事件的行为动作信息及其上下文信息，搜索事件行为动作节点之间的多个元路径，捕获事件异质图潜在的语义信息，创建一个与抽取事件要素相关的事件行为意图异质子图。在此基础上，研究基于异质关系 GNN（graph neural networks，图神经网络）和关系注意力机制的下一步供应链预测方法；研究基于 GCN（graph convolutional network，图卷积网络）的供应链事件的动向预测方法，对异质子图中指向下一步供应链关联关系进行分类或者生成，从而预测供应链的动向关联趋势。

其次，进行上下游供应链的推理与溯源。供应链的各产业要素之间常常相互影响，进而产业间也存在着动态变化的关联关系。本书提出深度点过程模型，同时处理结构化和非结构化的产业要素表示数据，抽取与时间预测有关的上下文信息。通过可处理的积分方法解决深度混合点过程模型的优化问题，并通过反向传播优化深度混合点过程模型，预测事件下一步可能的时间信息和周期概率；基于图卷积神经网络模型，抽取相关系列产业要素，并构造产业图谱中的关联边，根据时间、空间、产业要素或角色等不同视角进行图谱嵌入表示学习，得到融合子图，子图路径即产业之间的因果、顺承、并列等供应链关联关系以及产业实体要素之间的关联关系。

### 3.5.2　产业波及效应模型

产业图谱中将会不断融入新的产业事件，使得产业图谱具有动态性。传统的产业链的推理预测方法无法捕捉这种动态特性。本书的产业波及效应模型基于波及效应和最优化理论，分析和预测不同产业事件影响下的产业图谱变化情况。

首先，计算多产业变化后的波及效应模型。令第 $n$ 个产业的产品价格变动为 $\Delta p_n$，根据直接消耗系数矩阵 $A$ 的定义，第 $j$ 个产业的产品价格会受到 $\Delta p_n A_{nj}$ 的直接影响，其余产业产生 $\Delta p_1,\Delta p_2,\cdots,\Delta p_{n-1}$ 的价格波动对第 $j$ 个产业产生 $\sum_{i=1}^{n-1}\Delta p_i A_{ij}$

的间接影响。

第 $j$ 个产业会受到 $\Delta p_j$ 的影响，具体计算方法为

$$\Delta p_j = \Delta p_n A_{nj} + \sum_{i=1}^{n-1} \Delta p_i A_{ij}$$

改写为矩阵形式，化简得

$$\begin{bmatrix} \Delta p_1 \\ \Delta p_2 \\ \vdots \\ \Delta p_{n-1} \end{bmatrix} = \begin{bmatrix} \overline{B}_{n1} / \overline{B}_{nn} \\ \overline{B}_{n2} / \overline{B}_{nn} \\ \vdots \\ \overline{B}_{n,n-1} / \overline{B}_{nn} \end{bmatrix} \Delta p_n$$

假设 $s$ 个产业价格产生波动，具体计算为

$$\begin{bmatrix} \Delta p_1 \\ \Delta p_2 \\ \vdots \\ \Delta p_n \end{bmatrix} = \begin{bmatrix} \overline{B}_{n1} / \overline{B}_{n1} \\ \overline{B}_{n2} / \overline{B}_{n1} \\ \vdots \\ \overline{B}_{nn} / \overline{B}_{n1} \end{bmatrix} \Delta p_1 + \begin{bmatrix} \overline{B}_{n1} / \overline{B}_{n2} \\ \overline{B}_{n2} / \overline{B}_{n2} \\ \vdots \\ \overline{B}_{nn} / \overline{B}_{n2} \end{bmatrix} \Delta p_2 + \cdots + \begin{bmatrix} \dfrac{\overline{B}_{n1}}{\overline{B}_{ns}} \\ \dfrac{\overline{B}_{n2}}{\overline{B}_{ns}} \\ \vdots \\ \dfrac{\overline{B}_{nn}}{\overline{B}_{ns}} \end{bmatrix} \Delta p_s = \sum_{i=1}^{s} \begin{bmatrix} \dfrac{\overline{B}_{n1}}{\overline{B}_{ni}} \\ \dfrac{\overline{B}_{n2}}{\overline{B}_{ni}} \\ \vdots \\ \dfrac{\overline{B}_{nn}}{\overline{B}_{ni}} \end{bmatrix} \Delta p_i$$

其次，构建最大影响子图优化算法。根据多源产业波及系数的计算，得到每个产业子图的影响 $f$，并将该问题抽象为优化问题。提出最大影响产业子图优化算法，利用产业波及效应，寻找受到初始产业影响最大的产业子链。为构建优化算法，定义以下条件。

条件 1：产生波动影响的产业部门有 $N$ 个，记为 $P$。

条件 2：最终形成的子图应包含所有产生波动影响的产业部门 $P$。

条件 3：最终形成的子图应包含最少的产业节点。

条件 4：所有加入子图的产业节点的影响程度值最大。

条件 5：所有加入子图的产业节点的上下游关联边最多。

条件 6：最终形成的子图，不应包含孤立点，即所有节点均与产业链中的节点存在至少一条关联边。

基于上述所有条件，将问题抽象成最优化问题进行求解：

$$f = \frac{\sum_{i=1}^{N} y_i \Delta p_i + \partial \sum_{i=1}^{N} y_i \sum_{j=1}^{N} y_j \mathrm{NET}_{ij}}{\sum_{i=1}^{N} y_i}$$

$$\sum_{i=1}^{N} y_i \mathrm{NET}_{ij} > 0, \quad i = 1, 2, \cdots, N$$

$$y_i = \begin{cases} 1, & I_i \in P \\ 1, & \text{选择第}i\text{个产业加入子图中} \\ 0, & \text{未选择第}i\text{个产业加入子图中} \end{cases}$$

其中，$y_i$ 表示第 $i$ 个产业是否需要加在子图中；$\Delta p_i$ 表示第 $i$ 个产业发生的价格波动；$\partial$ 表示权重；$P$ 表示产生波动的所有源头产业，为模型的输入。

求解上述最优化问题，获得影响最大子图的产业节点集合 $S = (I_{l_1}, I_{l_2}, \cdots, I_{l_K})$。

## 3.6　实际案例

将以上提出的发展趋势预测和产业链推荐方法，试用于四个实际案例：镇平县产业发展趋势分析，我国互联网服务产业和消费金融产业发展状况分析，计算机产业分析武汉市新冠疫情影响下产业波及效应分析。

### 3.6.1　基于专利、人才、资本、企业等要素禀赋的区域空间单元产业发展趋势预测和产业链推荐

以县级单位为分析对象，利用专利、人才、资本、企业等要素禀赋对镇平县的产业发展进行实证分析。结果显示：镇平县在农林牧渔业、农副产品加工业、纺织业、黑色金属冶炼和压延加工业、专用设备制造业等产业中具有较为完备的产业链。对同属南阳市发展较好的邓州市进行同样的实证分析，对比发现，邓州市的印刷和记录媒介复制品业及住宿业相关产业链中产业配套比镇平县更为齐全，在整体上，镇平县产业链要素还未达到全国水平。

### 3.6.2　基于产业链演进规律和趋势的区域空间单元产业发展趋势预测和产业链推荐

采用全国 1978 年到 2019 年的企业注册数据作为案例样本，利用互联网服务产业与消费金融服务业，对产业关系演变进行验证，如图 3-11 所示。图中横轴表示年份，以 1978 年为起点，2019 年为终点；纵轴为集聚关系强度，表示两个产业发展联系的紧密性。①1997 年之前，互联网在中国发展处于初步阶段，还未出现大量企业发展互联网与金融相关服务。②1997 年之后，互联网在中国得到快速发展，消费金融品也得到快速发展，与两者相关的企业开始逐步出现，并推进两

个产业共同发展。③2008 年前后爆发了金融危机，使得消费金融服务行业受到巨大冲击，互联网服务与消费金融服务行业关联紧密性出现断崖式下跌。④互联网服务与消费金融服务的关联性 2009 年从低谷再次进入上升期。

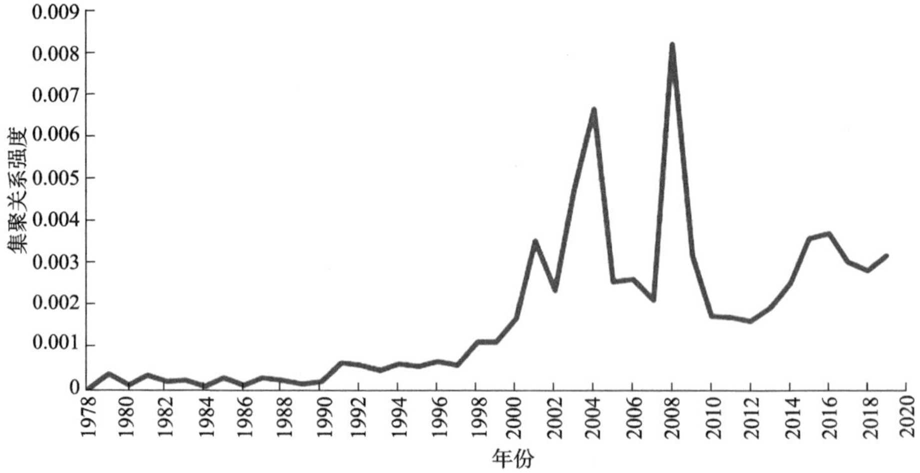


图 3-11 互联网服务产业与消费金融服务业集聚关系演变

### 3.6.3 基于投入产出表的区域空间单元产业发展趋势预测和产业链推荐

以全国投入产出表中的计算机行业发展作为实证分析对象，通过对比 2012 年和 2017 年全国投入产出表，计算得出计算机行业在 2012 年和 2017 年全部上下游产业链的发展情况。经计算可得，2012 年计算机行业包含上游产业链 38 条，下游产业链 13 条；2017 年计算机行业包含上游产业链 40 条，下游产业链 17 条。关注下游产业链发展变化，2017 年新增了房地产和建筑安装 2 个新的下游产业。

### 3.6.4 基于上下游供应链的区域空间单元产业发展趋势预测和产业链推荐

1. 行政区域产业发展分析

以县级单位为分析对象，对镇平县的产业上下游供应链进行实证分析。结果显示：在镇平县拟重点发展的食品制造业与电气机械和器材制造业中，食品制造业缺少上游产业支持。从全国产业链图谱分析得到食品制造业上游包含农林牧渔业、水的生产和供应业、化学原料和化学制品制造业等 22 个产业，镇平县上游尚未形成完整产业体系。电气机械和器材制造业已形成初步产业链，但上下游仍缺乏部分产业要素支持。从全国产业链图谱分析得到，电气机械和器材制造业上游包括电气机械和器材制造业，计算机、通信和其他电子设备制造业，仪器仪表制造业等 36 个产业，镇平县仅有 5 个相关上游产业；电气机械和器材制造业下游包括建筑安装业，金属制品、机械和设备修理服务业，电信、广播电视和卫星传输服务业等 34 个产业，镇平县仅有 3 个相关下游产业。

2. 重大公共事件中产业波及影响分析

以新冠疫情对武汉市产业链的影响为例，分析在重大公共事件中产业波及影响。武汉市规模破百亿元且占全国比重超过 1%的产业共 12 个，分别为“烟草制品业”“汽车制造业”“建筑装饰、装修和其他建筑业”“黑色金属冶炼和压延加工业”“电力、热力生产和供应业”“计算机、通信和其他电子设备制造业”“印刷和记录媒介复制品业”“电气机械和器材制造业”“金属制品业”“医药制品”“酒、饮料和精制茶制造业”“铁路、船舶、航空航天和其他运输设备制造业”。武汉市占全国比重超 1%的产业如图 3-12 所示。

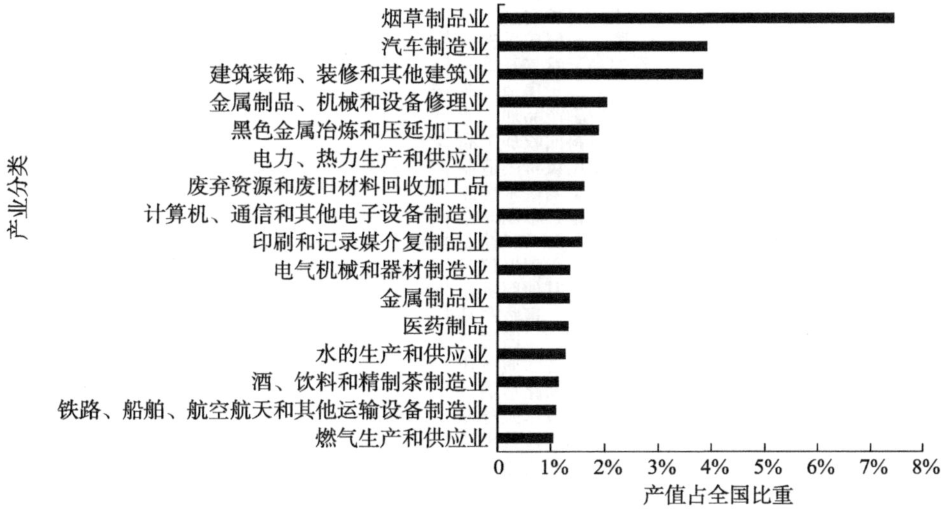


图 3-12　武汉市占全国比重超 1%的产业

将武汉市 12 个支柱产业作为全国受影响产业，计算其余产业的波及程度，如图 3-13 所示。其中，黑色表示初始受影响的产业，灰色表示被波及的产业。从图中可以看出，12 个初始受影响的产业中，“电力、热力生产和供应业”受到的影响最大，而在其余非输入性产业波及影响中，“化学原料和化学制品制造业”“有色金属冶炼和压延加工业”“货币金融和其他金融服务”等受到的波及影响较大。

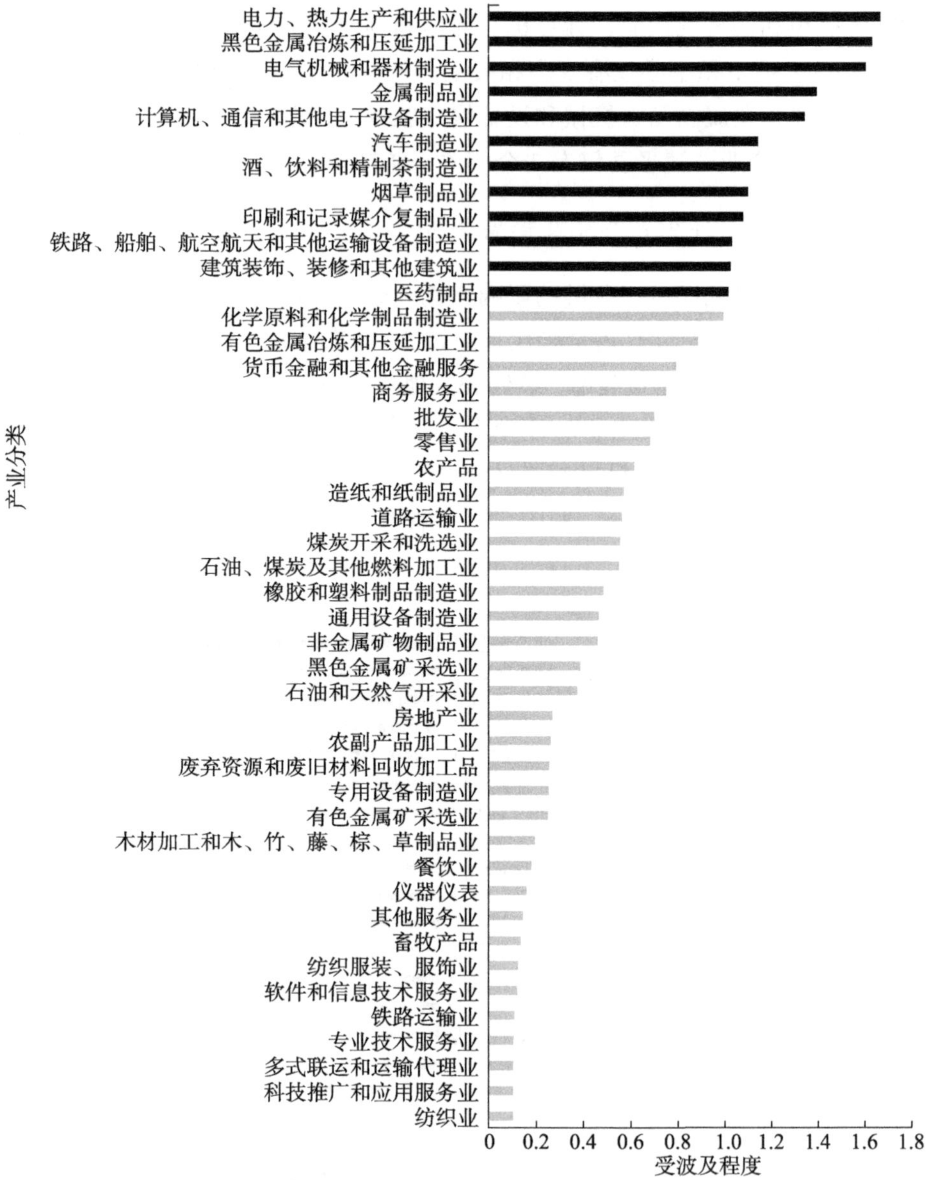


图 3-13 全国产业波及程度

将武汉市 12 个支柱产业作为全国受影响产业，并利用产业占比作为权重，计算全国产业的波及程度，如图 3-14 所示。其中，黑色表示初始受影响的产业，灰色表示被波及的产业。从图 3-14 中可以看出，武汉市受疫情影响的产业中，对全国产业影响程度最大的产业为“烟草制品业”，其余为“汽车制造业”和“建筑装饰、装修和其他建筑业”。其中，“计算机、通信和其他电子设备制造业”受到的影响程度排在第 7 位。而在其余非输入性产业波及影响中，“化学原料和化学制品制造业”受到的波及程度最大。其余如“有色金属冶炼和压延加工业”和“零售业”均超过了部分输入性产业的损失程度。

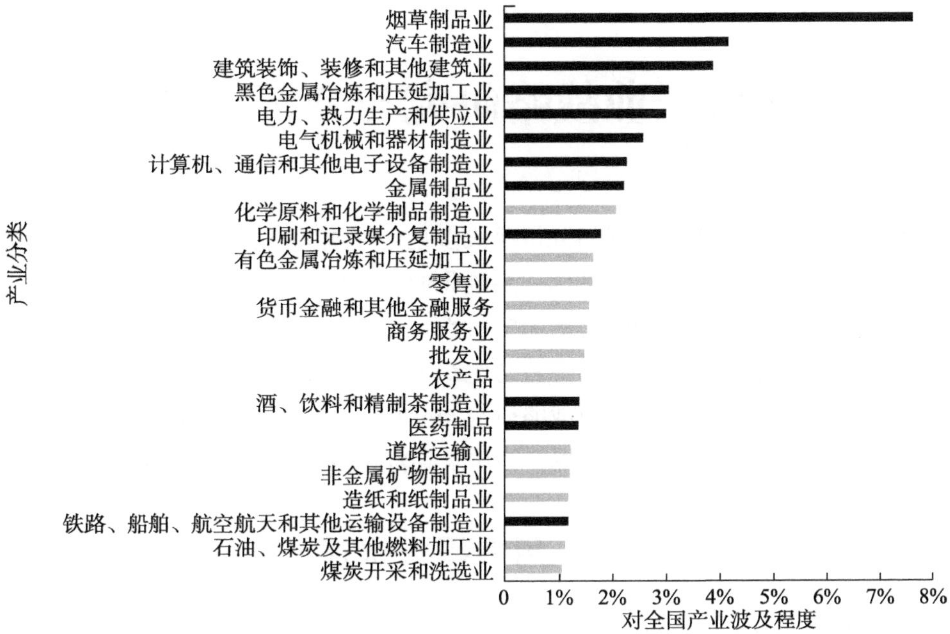


图 3-14　武汉市产业对全国产业波及程度

武汉市作为中国经济地理重要城市，拥有 23 个规模破百亿元的产业，有 17 个产业占比超过 1%，其中包括烟草、酒、纺织等轻工业，也包括汽车、黑色金属等重工业，说明武汉市在国家经济体系中扮演着重要角色。进一步分析武汉市支柱产业对全国产业的影响发现，受波及影响较大的产业分别是“电力、热力生产和供应业”“黑色金属冶炼和压延加工业”“电气机械和器材制造业”。将武汉市占全国的比重作为权重，对全国产业影响波动较大的分别为“烟草制品业”“汽车制造业”“建筑装饰、装修和其他建筑业”。

# 第 4 章

# 区域产业战略研究与分析平台

当前的区域产业协同发展的分析手段多是定性或者割裂的资源计算和数据挖掘分析，对先进的模块化、工具化和系统化的信息技术工具的利用并不充分，无法保障产业协同分析以及趋势预测的实时性、全面性和准确性。本书为实现既定空间单元产业链落地实施的要素配置与组织方案，集成上述研究成果和其他必要的经济分析技术，构建区域产业战略研究与分析平台，为“十四五”区域协同发展的政策制定提供数据和工具支撑，为中长期经济发展战略研究提供分析平台。

## 4.1 用户需求概述

本书目标是构建一个面向区域空间单元产业分析的战略平台，对书中提及的功能、模型和算法进行平台化开发，方便用户使用。

### 4.1.1 平台用户

为各级产业规划政府部门、产业园区管理者、企业管理者等管理部门提供查询地区产业及企业信息的界面，帮助用户了解某地区主要产业及下属的企业，以及为产业发展政策提供预测信息。

登录用户分为用户和管理员两种类型，并且授予相应的用户权限。用户能够在该平台上实现产业分析、区域产业分析等功能。

### 4.1.2 产业分析

（1）构建并可视化产业图谱。根据《2012 年中国 31 省区市区域间投入产出表》抽取 31 个省区市 42 产业部门间的产业链关联关系，根据区域和产业链关系，构建产业图谱。另外，需要对所属区域内的所有企业进行产业分类、关联度计算等。对产业内企业图谱进行分析，包括企业的基本信息查询、企业专利、企业所属产业的上下游关联关系、企业竞争合作等。

（2）数据查询。其能够可视化产业图谱中不同地区、不同产业之间的关联关系。可以通过点击特定地区的产业节点，查看该地区、该产业的所有企业名单和企业基本信息。

（3）产业链查询。抽取全国产业的上下游关联关系，用户可自由选择需要查看的产业节点及其上下游。

（4）产业波及分析。通过产业间的价格供需关联关系，可视化呈现产业链中的源产业和波及产业间的影响关系，展示全国产业发展趋势。

（5）产业趋势预测。利用历年的投入产出表抽取对应的产业链，用户可通过选择产业节点或产业链，对产业发展状况进行详细比较。

### 4.1.3　区域产业分析

（1）区域产业现状和趋势预测。通过对特定区域内的产业进行统计，得到区域产业现状内容，包括产业内的专利情况、注册资金状况、产业分布情况和产业内的关键企业分布情况等。

（2）区域间产业趋势预测。对两个不同地区的产业发展分布和产业上下游关联关系进行对比，探究发达地区的产业发展路径，为区域产业发展提供思路，分析区域产业与其他区域产业之间的供需程度。

（3）区域政策建议。通过平台的数据，形成产业政策建议报告，并支持预览和查看。

（4）产业人才库。通过搭建产业人才库，以产业发展路径和技术难题攻关为指引，运用专利导航和大数据分析方法，对不同产业链发展阶段进行定向人才推荐。

（5）政策引导。根据目标空间不同产业链的发展阶段，结合招商场景下的政策、资源和配套，挖掘相应产业优秀企业，为目标区域提供招商和引进企业的精准实施方案。

## 4.2　可复用的区域空间单元产业分析组件工具

为实现一个面向区域空间单元产业分析的战略平台与相关功能的可复用和灵活组合，本书基于第 2 章精准评估和第 3 章精准预测的研究成果，对相关技术进行面向具体产业分析任务的组件封装，实现以下组件工具。这些工具可以单独使用，也可以在平台上自由组合，并且能够灵活扩展和迭代更新。

### 4.2.1　产业图谱构建

融合复杂网络、知识图谱和图神经网络，构建了包括空间单元、企业标签和产业链标签的基于时间序列的多源异构多模态产业图谱。

### 4.2.2 新兴产业与传统产业标签体系的映射

通过预训练构建 IndBERT 向量，结合语义桩的无监督方法，对不同产业标签体系特征进行抽取。利用企业不同视角的细粒度产业分类，完成新兴产业与传统产业标签的映射任务。

### 4.2.3 企业标签抽取

利用知识抽取和序列标注的相关技术，对企业文本数据进行实体—关系抽取，获得企业标签三元组数据，构建企业图谱。

### 4.2.4 产业标签抽取

对产业领域的语言文本特征进行预训练，抽取产业标签，根据国家产业统计标准，制定不同视角的产业标签体系。

### 4.2.5 企业竞合关系计算

通过企业相关文本的共现性和企业专利的相似度，衡量不同企业之间的合作和竞争关系，用来描述企业之间的关联关系。

### 4.2.6 产业链提取

使用 WT 指数方法抽取产业链关联关系，结合基于知识图谱技术的产业链抽取方法，实现产业链上下游关联关系提取。

### 4.2.7 产业链演化分析和趋势预测

基于知识图谱和深度学习的序列模型，提取多源异构产业图谱和基于时间序列的产业节点的特征，实现产业链的抽取与表示，并对产业节点发展规律进行趋势预测。

### 4.2.8 基于上下游供应链的区域空间单元产业发展趋势预测

通过使用图卷积神经网络和产业波及模型，实现产业图谱的推理表示和动态趋势预测。

### 4.2.9 基于技术专利要素的区域空间单元产业发展趋势预测方法和产业链推荐

采用专利和论文等科技成果作为技术要素的表现形式，基于收集的全国企业数据进行相似性计算，识别产业内关键共性技术，实现产业链推荐。

### 4.2.10　基于人才要素禀赋的区域空间单元产业发展趋势预测方法和产业链推荐

通过搭建产业人才库，以产业发展路径和技术难题攻关为指引，运用专利导航和大数据分析方法，为不同产业链发展阶段提供定向人才推荐。

### 4.2.11　基于资本要素禀赋的区域空间单元产业发展趋势预测方法和产业链推荐

通过衡量产业上下游中的关键产业节点，对上下游产业增加资金投入，带动目标产业发展，扩展产业市场。

### 4.2.12　基于企业要素禀赋的区域空间单元产业发展趋势预测方法和产业链推荐

根据目标空间不同产业链的发展阶段，结合招商场景下的政策、资源和配套服务，挖掘相应产业优秀企业，为目标区域提供招商和引进企业的精准实施方案。

## 4.3　平台框架和功能模块

平台主要分为管理员和用户两类使用者，其中管理员的职责是进行平台管理，对基础数据进行录入。用户可以通过产业内分析、产业间分析、区域内产业分析和区域间产业分析，实现产业链抽取、产业发展预测、区域产业发展预测和数据查询等功能。

平台的框架如图 4-1 所示。

考虑用户使用平台的便利性，支持用户在不同平台上对区域产业战略研究与分析平台的访问，平台使用 Web 页面作为展示层，同时使用微信小程序页面进行功能展示。Web 页面通过链接访问，可以在不同设备上随时运行，方便用户随时访问。微信小程序可以在微信内被便捷地获取和传播，具有出色的使用体验。

在 Web 开发中，平台采用成熟的 Web 开发框架 Vue.js。Vue.js 具有生态成熟、开发便捷等特点，可以系统进行前端页面的开发。在微信小程序开发中，采用 mpvue 框架进行小程序页面编写，开发模式与 Vue.js 相同，保证了页面开发的统一性。

为了更直观地展示分析数据，平台使用开源的 JavaScript 可视化库 ECharts 进行统计图表和关联图的图形化展示。ECharts 可以流畅地运行在个人计算机和移动设备上，兼容当前绝大部分浏览器，底层依赖矢量图形库 ZRender，提供直观、交互丰富、可高度个性化定制的数据可视化图表。ECharts 内部提供了丰富的图形控件，

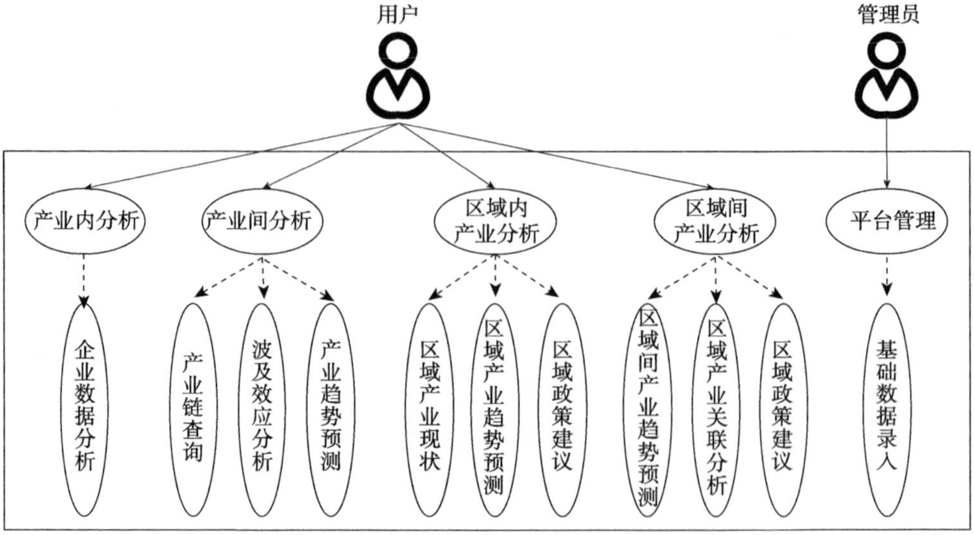


图 4-1 区域产业战略研究与分析平台框架图

如常规的折线图、柱状图、散点图、饼图、K'线图、用于关系数据可视化的关系图、TreeMap、旭日图等，并支持不同图形控件之间的混搭，以呈现更丰富的视觉效果，帮助用户更直观地理解数据含义。ECharts 同时支持同一份数据在不同图形之间的使用，免去数据转换的步骤，多个组件可以共享同一份数据，提高开发效率。通过增量渲染技术，配合各种细致的优化，ECharts 能够展现千万级的数据量，并且在这个数据量级依然能够进行流畅的缩放平移等交互，有利于大数据的呈现。

在涉及地理信息的分析数据展示方面，平台采用百度地图控件 MapVGL 进行数据展示。MapVGL 是一款基于 WebGL（Web graphics library，一种 3D 绘图协议）的地理信息可视化库，可以用来展示大量基于三维的地理信息点线面数据。MapVGL 提供丰富的地图图层支持，如基础点图层、飞线图层、文字图层等，通过不同图层的叠加，可以在地图上展示形象化的产业图谱分析结果。

为使不同的前端应用可复用同一个后台服务，减少系统开发的重复性，平台采用前后端分离技术进行开发，采用 Python 语言作为后台设计语言。Python 提供了丰富的开源库，可以快速实现服务调用和函数集成。为了减少网络连接、数据库操作等应用底层导致的系统的复杂性，后台开发采用 Django 服务器框架进行服务接口开发。

工具和开发框架如表 4-1 所示。

本平台完成的功能比较集中，主要涉及全局产业分析和区域产业分析两大部分。为方便平台开发，增加其扩展性和可维护性，将平台业务功能拆分为五个主要模块。

表 4-1　平台的使用工具及开发框架

| 平台部分 | 使用工具及框架 |
|---|---|
| 数据库 | Mysql |
| 后台 | Django 服务器框架（Python） |
| Web 前端 | Vue.js 框架 |
| 微信小程序 | mpvue 框架 |

### 4.3.1　产业内分析

产业内分析功能模块完成对一定范围内特定产业的企业布局分析。此模块完成企业数据分析功能，包括企业基本数据查询、企业专利数据分析、企业所属产业上下游关联关系、企业竞争和合作分析等。模块对基础数据计算结果进行展现，为后续产业链抽取、产业发展预测和区域产业分析提供必要的数据支撑。

在本模块，用户可以通过平台提供的搜索工具，查找某一行政区域产业内企业的具体信息。通过企业筛选选项，可以提取此区域内的大型企业或龙头企业的信息，帮助分析产业内的主要企业布局。此外，对于筛查得到的企业，可以进行企业的详情信息查询，包括企业的工商局注册信息、行业标签、企业营业范围、企业资金、企业专利信息、企业所属产业的上下游关系等。本模块同时提供企业间的关系查询，包括根据企业信息计算获得的企业合作图谱和企业竞争图谱，分别对应与当前企业具有合作或竞争关系的其他企业名称、合作或竞争的关联强度及统计分析数据等。

### 4.3.2　产业间分析

产业间分析提供产业链查询、波及效应分析和产业趋势预测功能，包括对全国产业链关联关系查询、基于波及效应的产业发展预测、全国产业链变化趋势预测等。本模块对全国传统产业的关联关系和发展进行分析，方便用户对全国产业进行了解。

在产业间分析模块，用户可以选择一个关注的产业，查看与该产业间关联强度最大的其他产业，或以多个产业为中心，构建产业图谱，以图形化的形式查看产业间的关联关系。在产业关联关系分析的基础上，用户可以通过查看波及效应关联图和统计图表，关注产业间的波及效应关系。此外，用户还可以通过传统产业链与新兴产业链的图谱比对，关注特定产业在产业链上的异同，进行产业间关联趋势预测分析。

### 4.3.3　区域内产业分析

区域内产业分析主要功能为区域产业现状展示、区域产业趋势预测和区域政策建议，包括对区域内产业的分布统计、区域内产业关联的趋势预测和对区域内的政策建议等；包括对特定地理/行政区域或经济区域进行发展现状分析，区域内的产业链上下游关联关系分析和预测等。

在区域内产业分析模块，用户可以选择某个特定地区，查看地区内的企业分布情况，包括企业数量统计、企业资金统计、企业排行信息等，同时通过产业内的企业专利信息统计分析该产业创新能力。在该区域的产业链分析基础上，通过传统产业链和新兴产业链的对比，预测区域的产业发展趋势。根据区域内的产业分析结果，辅助制定该区域的产业政策，且提供将政策文件上传到平台并进行展示的功能。

### 4.3.4 区域间产业分析

区域间产业分析主要功能为区域间产业趋势预测、区域产业关联分析和区域间政策建议等，包括对区域间产业重要关联关系、区域间的比对发展和区域间的政策建议等。这部分内容利用区域间的发展路径，对特定区域的产业发展提供预测分析。

在区域间产业分析模块，用户可以选择两个特定区域进行产业对比，得到地区间不同产业的产业统计信息对比，也可以通过对比两地的传统产业图谱，发现产业链的优势与不足。同时，可以通过区域间产业的投入产出关联分析，得到区域间产业的供需关联强度，并以动态图形式展示区域间产业关联关系。根据区域间的产业分析结果，可以辅助制定特定区域的产业政策，并可将政策文件上传到平台进行展示。

### 4.3.5 平台管理

本模块对上述所有功能模块提供基础数据，为产业分析信息来源。因此，模块需要完成数据存储系统的创建、产业内企业基础数据的录入和保存、生成分析图表和产业图谱的持久化、政策文件的上传和存储等功能。用户可以使用本模块进行平台数据的录入和修改，并查看系统分析生成的结果。

在平台管理模块，用户可以通过使用数据库指令对存储在数据库中的企业信息、产业图谱、产业标签等分析数据进行添加和修改。用户也可以直接查看生成的产业波及效应图文件和产业链关联文件。

## 4.4 功能详细说明

针对平台框架和功能设计提出的系统功能模块，需要实现具体功能点满足用户需求。在详细分析平台的功能模块设计基础上，将平台的主要功能分为八大功能点，分别为企业数据分析、产业链查询、波及效应分析、产业趋势预测、区域产业现状分析、区域产业趋势预测、区域间产业趋势预测、区域产业关联分析。

## 4.4.1　企业数据分析

企业数据分析是平台进行产业内分析的基础。企业数据分析可以帮助用户更好地获取产业内的企业布局，使用户可以更详细地了解区域内企业之间的关联信息，通过龙头企业及与其有合作竞争关系的企业之间的企业信息熟悉产业基本情况。本功能为用户提供进行企业数据分析的工具，以企业区域、所属产业和企业资金作为信息输入，为用户提供企业信息概览、详情查询等功能，帮助用户更方便地获取企业基础数据及企业分析数据。

通过平台提供的地区选择控件，用户可以获取一个行政区域或经济地区的所有企业信息，为进行产业内企业布局的分析提供数据基础。在区域选定之后，用户可以查看具体产业下的企业信息，帮助用户获取地区内特定产业的布局信息。用户也可以通过企业注册资金进行企业信息筛选，以获取地区内有足够影响力的企业，缩小分析范围。企业数据放置在数据库服务器中，以数据表的形式进行存储。当用户选定查询条件，点击搜索条件按钮后，系统向后台发起数据查询请求，后台可以向关系数据库发送数据查询指令，筛选数据库中满足区域条件、产业条件和资金条件的企业列表回送到前端，并在表格控件上进行展示。图 4-2[①]展示了对湖北省武汉市武昌区的企业进行查询的结果。

图 4-2　企业查询界面

① 4.4 节、4.5 节图均为在区域产业战略研究与分析平台上进行分析时生成的界面截图。

获取到企业数据信息后，用户可以通过点击企业详情，跳转到企业详情信息分析界面中。在详情界面内，用户可以查看企业的行业标签信息、所属行政地区和所属经济地区，也可以查看企业的工商局注册信息，如信用编号、企业法人、企业地址、经营范围等。平台同时提供了企业专利信息查询功能，帮助用户了解企业的创新能力。在企业关联信息方面，平台提供了企业合作关系图谱分析和企业竞争图谱分析功能，帮助用户更直观地了解企业之间的竞争合作关系。为了保证分析结果查询速度，系统预先使用企业经营范围数据、企业专利等相关数据进行竞争合作关系图谱分析，并将计算结果存入数据库中。当用户在详情界面点击合作图谱分析时，后台将直接从数据库中查找与当前企业相关的合作数据，进行统计分析并筛选与其具有最高关联强度的企业，将数据返回到前端页面并进行控件渲染，最终以竞争合作图谱和统计图表的形式进行展示。图 4-3 展示了对中南工程咨询设计集团有限公司的详情分析结果。

图 4-3 企业详情界面

### 4.4.2 产业链查询

产业链是各个产业部门之间基于一定的技术经济关联，并依据特定的逻辑关系和时空布局关系客观形成的链条式关联关系形态，是产业间关联关系的重要表现。本功能为用户提供产业链数据查询的工具，并以有向图形式呈现。用户通过进行产业链的查询，可以直观地了解产业之间的关联关系及其关联强度，并为产业波及效应分析和产业发展趋势预测分析提供数据基础。

通过对全国产业的上下游关联关系进行抽取，用户可以选择需要查看的产业节点及数量。当用户选择 1 个产业节点时，平台会将该产业的上下游关联关系进行可视化呈现。若用户选择 2 个及以上产业节点时，平台会将与这些产业节点相关的上下游产业全部呈现出来。产业链信息以 JSON（JavaScript object notation，JS 对象简谱）文件格式存储在后台系统中，文件保存了节点名称和边的起点与终点。当需要进行产业链查询时，平台将从 JSON 文件中提取与一个或多个产业相关联的产业链数据，以 JSON 格式返回到前端页面。页面使用图形控件进行数据渲染，最终以有向图的形式呈现。图 4-4 展示了与互联网和相关服务业、软件和信息技术服务业有关的产业链。

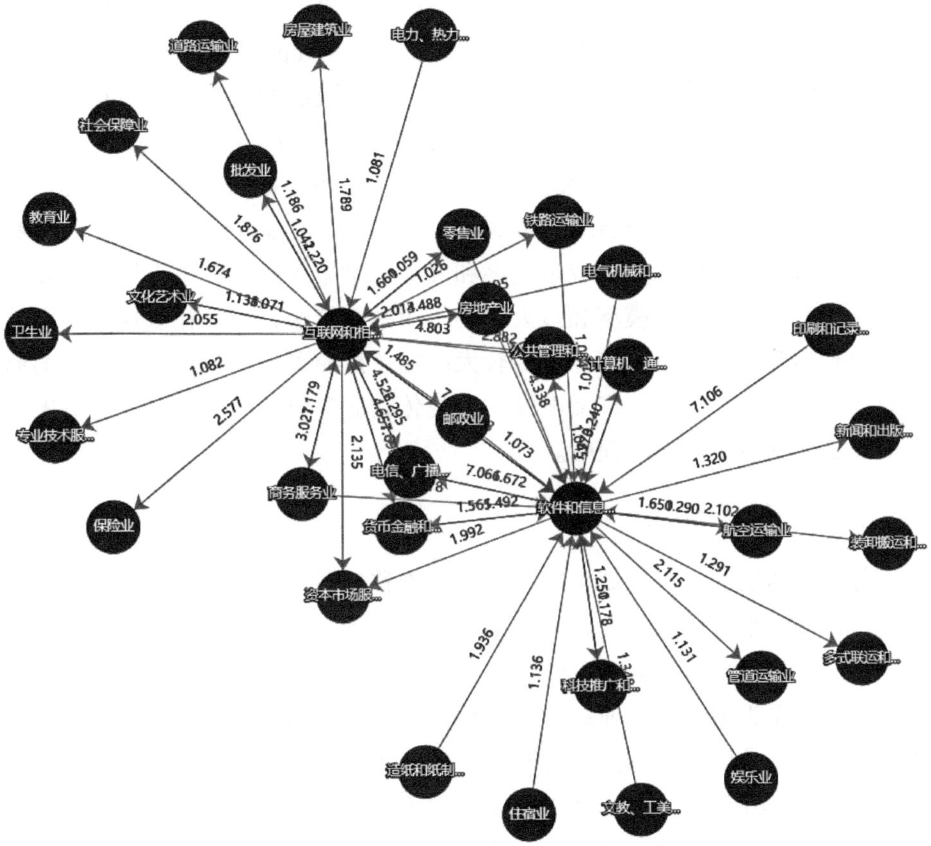


图 4-4　产业链查询可视化界面

涉及的产业有：互联网和相关服务业，保险业，专业技术服务业，卫生业，文化艺术业，教育业，社会保障业，批发业，道路运输业，房屋建筑业，电力、热力生产和供应业，零售业，铁路运输业，房地产业，电气机械和器材制造业，公共管理和社会组织业，计算机、通信和其他电子设备制造业，邮政业，电信、广播电视和卫星传输服务业，商务服务业，货币金融和服务业，资本市场服务业，软件和信息技术服务业，印刷和记录媒介复制业，新闻和出版业，航空运输业，装卸搬运和仓储业，多式联运和运输代理业，管道运输业，科技推广和应用服务业，娱乐业，文教、工美、体育和娱乐用品制造业，住宿业，造纸和纸制品业

### 4.4.3 波及效应分析

产业波及效应可以用于分析产业对其余产业的波及影响程度，进一步分析产业投资带动其他产业的收益，或衡量产业受损时对其他产业的冲击。平台提供波及效应分析功能，以单个或多个产业为输入，分析当输入产业受到影响时，关联产业会同时受到多少波及，并以带权重的无向图进行呈现，帮助用户理解产业间的关联关系。

通过对产业间的价格供需关联关系，构建产业间的波及效应模型。平台通过选择波及的源头产业，在平台后台进行波及效应计算，利用计算得到的结果生成 GEXF 文件。GEXF 文件是一种 XML（extensible markup language，可扩展标记语言），包含了动态网络所需的所有信息，包括节点信息如节点 ID、节点标签，边信息如边的起点和终点，图信息如静态图或动态图等。后台生成 GEXF 文件后，将文件传输到前端。前端将 GEXF 文件内容进行解析，提取数据进行图形渲染，最终以无向图的形式直观地展示波及效应。例如，图 4-5 中的互联网和相关服务业、软件和信息技术服务业、货币金融和其他金融服务业、资本市场服务业为波及源，平台根据波及效应模型和最大影响子图抽取算法，可视化呈现了四个波及源之间的影响关系，以及与其他受到较大影响（按照影响度排序和筛选）的商务服务业，房地产业，电信、广播电视和卫星传输服务业之间的影响关系。图中圆的大小表示受到波及影响的程度。

### 4.4.4 产业趋势预测

随着经济的发展，产业链会随着时间的推移逐渐发生变化，因此需要对产业趋势进行预测。平台提供产业趋势预测功能，为用户提供传统产业链和新兴产业链比较工具，帮助用户提取产业链中的主要信息，理解产业发展的趋势。通过将产业节点信息作为输入，产业趋势预测功能可以准确提取不同时间与该产业相关联的其他产业，并以带权有向图的形式并列呈现。

对《2017 年中国投入产出表》和《2012 年中国投入产出表》抽取产业链，用户可以通过选择产业节点或产业链，比较两次的产业发展状况。不同年份的产业链使用不同的 JSON 文件进行存储。对 2012 年和 2017 年的软件和信息技术服务及货币金融和其他金融服务之间的产业链作比较，2017 年软件和信息技术服务分成了软件服务和信息技术服务，且 2017 年软件和信息技术服务存在更多的产业上下游关系。以产业链为对象，2017 年软件服务及货币金融和其他金融服务之间不存在产业链，但信息技术服务与货币金融和其他金融服务之间存在产业链。

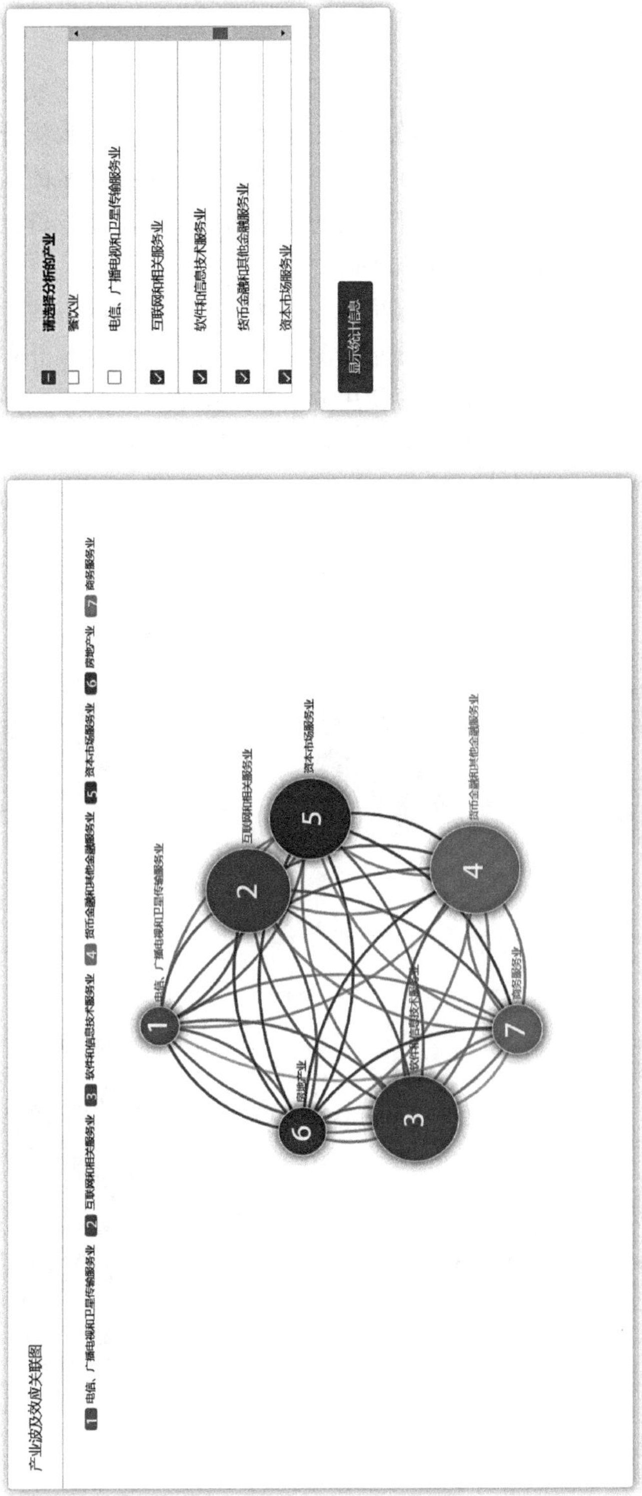


图 4-5　波及效应可视化界面

### 4.4.5 区域产业现状分析

对区域进行产业分析，首先要分析区域内的产业基础。区域产业现状分析为用户提供具现化区域内产业数据的功能，包括区域内的企业数量分析、企业资金分析、企业专利分析等，并描绘相应的统计图表。以某一区域的名称作为输入，区域产业现状分析功能即可得到产业内的企业布局概况、企业资金等信息，帮助用户对当前区域产业情况进行深入评估。

通过对特定区域内的产业进行统计，得到区域产业现状，内容包括产业内的专利情况、注册资金状况、产业分布情况和产业内的关键企业分布情况等。为提高分析数据的查询速度，平台预先使用分析函数生成统计数据，并保存在数据库中。如图 4-6 所示，平台对东湖高新区进行了统计和示范。

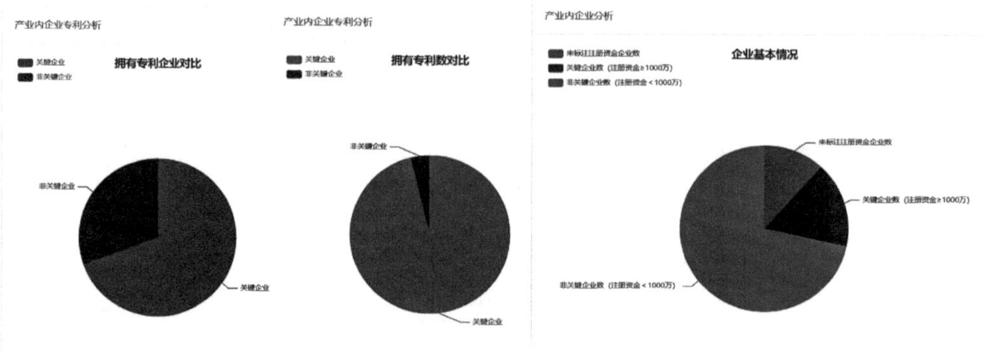


（a）

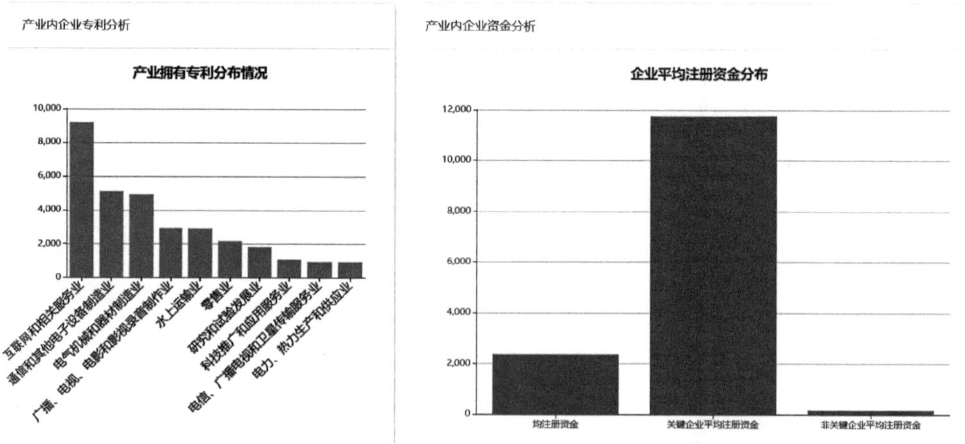


（b）

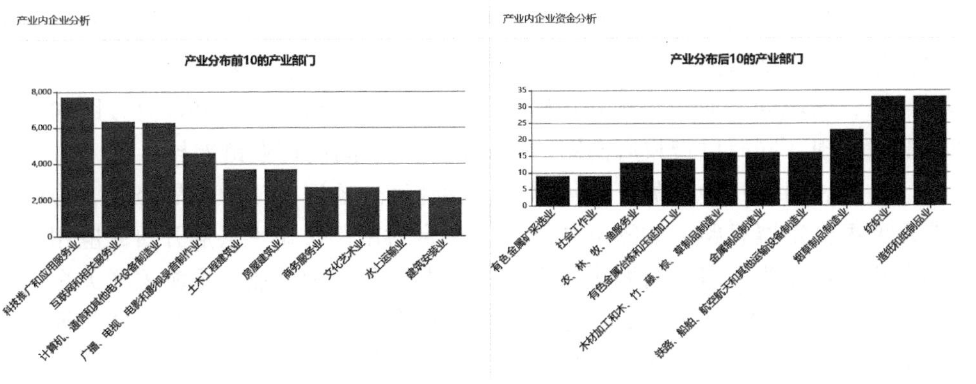


（c）

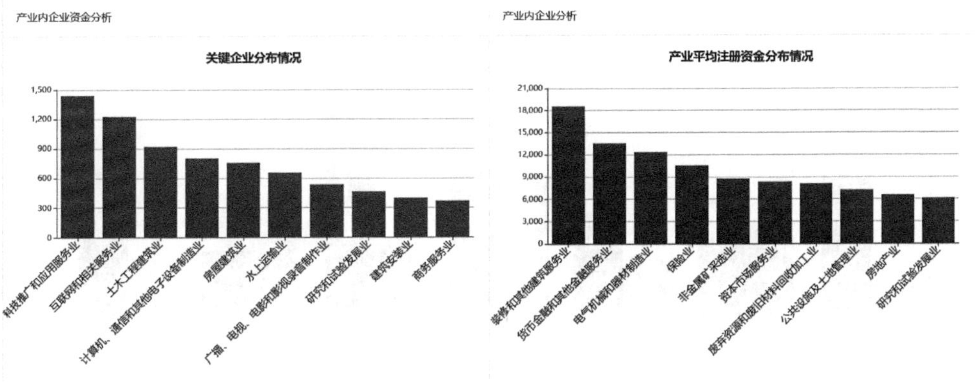


（d）

图 4-6　区域产业现状可视化界面

### 4.4.6　区域产业趋势预测

区域内产业随着时间的推移，将进行不同程度的产业演化，并使相应的产业链产生变化。平台提供区域产业趋势预测功能，辅助进行区域内的产业链变化预测，为用户提供区域内传统产业链和新兴产业链比较工具，帮助用户提取产业链中的重点信息。区域产业趋势预测功能以地区和产业节点作为输入，可以准确提取该地区内不同时间与该产业相关联的其他产业，以带权有向图的形式进行展示。

此外，通过东湖高新区产业示范，平台设计开发了基于传统产业部门分类的产业链抽取和基于新兴产业部门分类的产业链抽取。

### 4.4.7　区域间产业趋势预测

由于经济、人力资源、环境等因素，不同区域间的产业发展会存在一定程度上的差异，对区域间产业进行对比分析可以识别当前区域的产业发展优势，总结产业发展不足，辅助进行区域产业政策制定。区域间产业趋势预测功能可以为用户提供地区间产业链发展对比图，并展示两地间的产业统计数据。以不同的地区作为输入，区域间产业趋势预测功能可以提供产业分析数据，并以直方图和饼状图的形式呈现，同时以带权有向图的形式输出产业间的产业链差异。

通过与相对发达地区的产业做对比，探究发达地区的产业发展路径，为区域产业发展提供发展思路。如图 4-7 所示，平台对南阳市镇平县展开研究应用，以南阳市邓州市作为参考。对两个地区的产业发展分布和产业上下游关联关系进行对比，从图 4-7 中可以看出镇平县在优势产业食品制造业中，相较邓州市拥有更多的上下游配套，但仍然无法满足成熟产业链的需求。

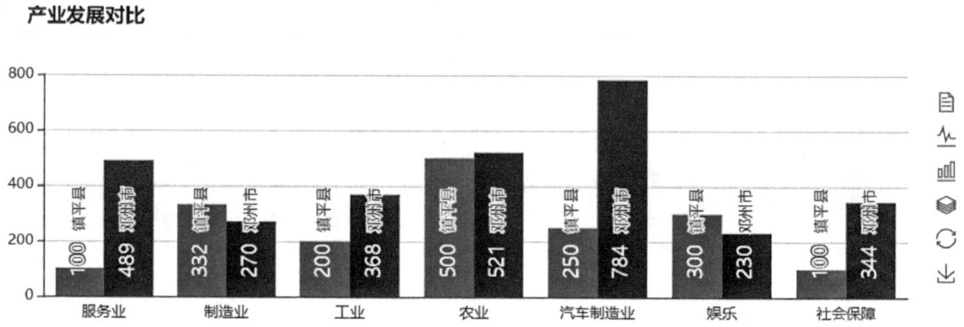


（a）

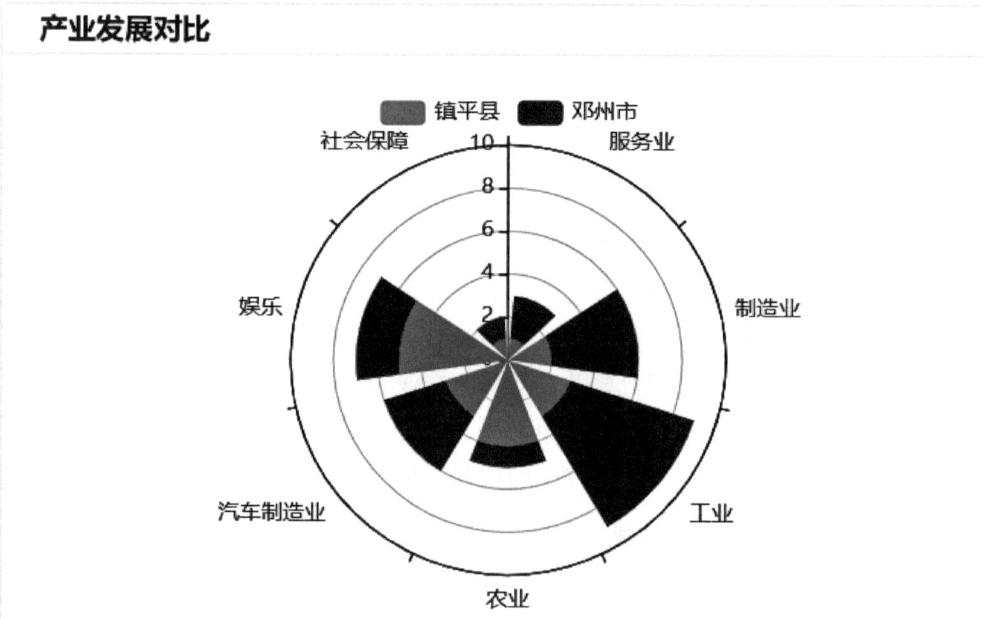


（b）

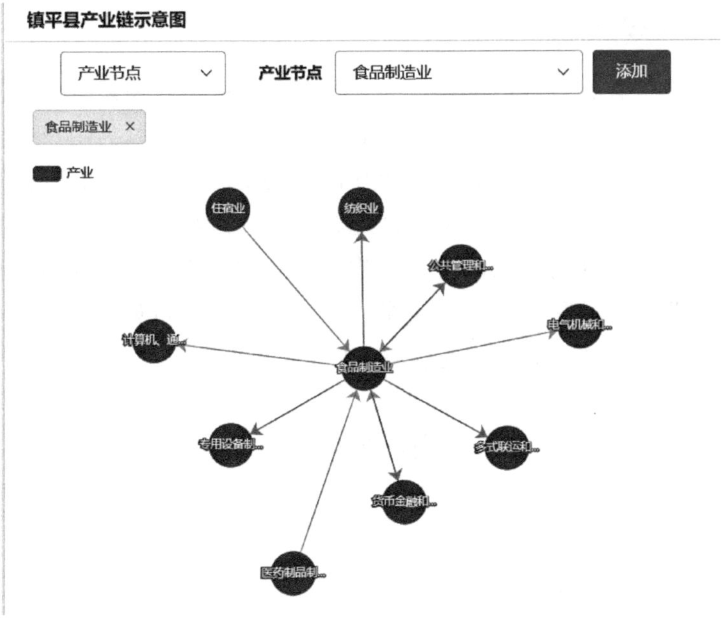


（c）

（d）

图 4-7　区域间产业趋势预测可视化界面

涉及的产业有：住宿业，纺织业，公共管理和社会组织业，计算机、通信和其他电子设备制造业，食品制造业，专用设备制造业，医药制品制造业，货币金融和服务业，多式联运和运输代理业，电气机械和器材制造业，造纸和纸制品业，新闻和出版业，渔业，装卸搬运和仓储业

### 4.4.8 区域产业关联分析

区域内的产业存在投入产出等行为，存在一定的关联关系，需要提供工具在特定区域内进行产业间的关系分析。区域产业关联分析可以为用户提供产业关联分析的工具，帮助用户提取产业间的相互作用关系。区域产业关联分析以地区为输入，使用 *K* 核分析算法计算产业间的关联强度，并以三维地图的形式进行展示。

为计算东湖高新区与武汉市各个行政区之间的产业关联重要性，对武汉市各个区之间的产业投入关联关系进行计算，并利用 *K* 核分析算法，得出东湖高新区的产业对其余各行政区产业之间的供需程度。

## 4.5 平台使用方法

### 4.5.1 登录

打开网站界面，如图 4-8 所示。

图 4-8 登录界面

操作步骤：第一步，用户打开“产业分析平台”登录界面，输入正确的登录账号和登录密码。第二步，若用户鉴权通过，网站跳转到“平台首页”，否则提示相应错误信息。

### 4.5.2 省份产业链查询

在首页可以进行省份产业链查询，结果以动态连线图的形式呈现。操作步骤如下。

第一步，在首页省份产业链查询处，选择需要查询的省份，以湖北省为例，操作如图 4-9 所示。

第二步，出现结果，显示所选省份的产业链总数和对应的起点、终点以及权重，如图 4-10 所示。

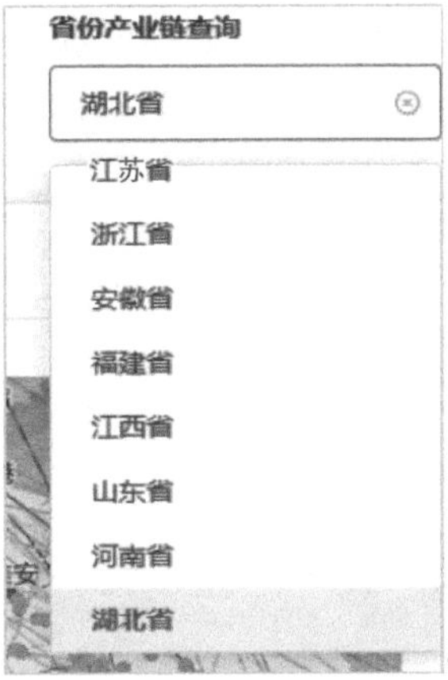


图 4-9　省份产业链查询

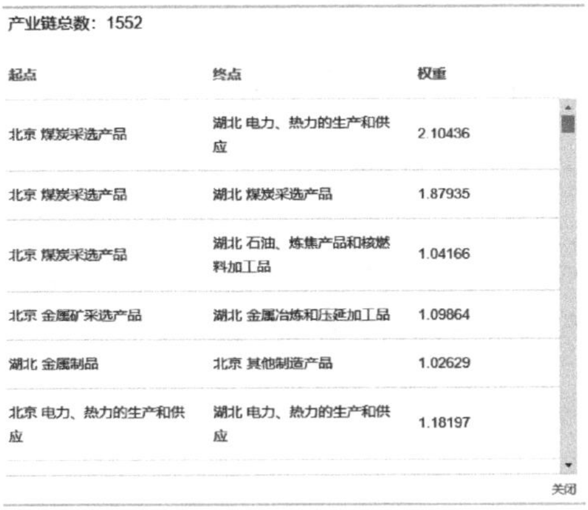
产业链总数：1552

| 起点 | 终点 | 权重 |
| --- | --- | --- |
| 北京 煤炭采选产品 | 湖北 电力、热力的生产和供应 | 2.10436 |
| 北京 煤炭采选产品 | 湖北 煤炭采选产品 | 1.87935 |
| 北京 煤炭采选产品 | 湖北 石油、炼焦产品和核燃料加工品 | 1.04166 |
| 北京 金属矿采选产品 | 湖北 金属冶炼和压延加工品 | 1.09864 |
| 湖北 金属制品 | 北京 其他制造产品 | 1.02629 |
| 北京 电力、热力的生产和供应 | 湖北 电力、热力的生产和供应 | 1.18197 |

关闭

图 4-10　省份产业链查询结果

### 4.5.3　产业内企业图谱分析

产业内企业图谱分析的操作步骤如下。

第一步，选择所属地区，在三个下拉菜单中分别指定省、市、区，以湖北省武汉市武昌区为例，如图 4-11 所示。

第二步，选择所属区域，在下拉菜单中选择指定所属区域，以东湖高新区为例，如图 4-12 所示。

图 4-11　行政地区查询菜单

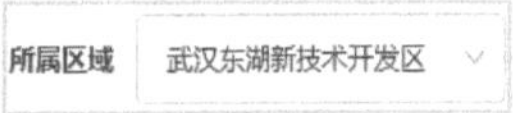


图 4-12　区域查询菜单

第三步，选择所属产业，在第一个下拉菜单中选择主要产业（以食品制造业为例），在第二个产业中选择次要产业（以农副产品加工业为例），如图 4-13 所示。

图 4-13　产业查询菜单

第四步，选择搜索企业限定的企业注册资金区间，单位为万元，以 0~5000 万元为例，操作如图 4-14 所示。

图 4-14　资金查询菜单

第五步，点击搜索按钮，平台会根据设置的限制条件，开始搜索相关企业并且显示对应结果，若有多页结果可以通过下面页码选择翻页，如图 4-15 所示。

| 序号 | 企业名称 | 企业类型 | 所属产业1 | 所属产业2 | 所属产业3 | 企业资产 |
|---|---|---|---|---|---|---|
| 1 | 武汉渼之林商贸有限公司 | 有限责任公司 | | | | 50.0 |
| 2 | 武汉至科检测技术有限公司 | 有限责任公司 | | | | 500.0 |
| 3 | 武汉也琪工业设计有限公司 | 有限责任公司 | | | | 100.0 |
| 4 | 武汉市台北整流机电产品成套公司 | 其他 | | | | 30.0 |

图 4-15　企业查询结果

第六步，点击根据限制条件搜索出的企业列表中的“详情”，跳转到该企业详细信息，默认页面为企业注册信息。以搜索结果中的“武汉天丰工业技术有限公司”为例，如图 4-16 所示。

**武汉天丰工业技术有限公司分析结果**

行业标签　研究和试验发展业　专用设备制造业　公共管理和社会组织业

所属地区　湖北省　武汉市　江汉区

所属区域　请选择　　生成分析图谱

企业详情　专利　上下游关系　合作图谱分析　竞争图谱分析

| | | | |
|---|---|---|---|
| 企业名称 | 武汉天丰工业技术有限公司 | 信用编号 | 914201037257827591 |
| 企业法人 | 朱晖 | 企业类型 | 有限责任公司 |
| 省份 | 湖北省 | 注册资金 | 2000 |
| 城市 | 武汉市 | 地区 | 江汉区 |
| 地址 | 江汉区经济发展区江兴路特1号 | 注册日期 | 2001-03-09 |
| 监管部门 | 武汉市汉阳区工商行政管理和质量技术监督局 | 注册日期 | 2015-12-03 |
| 营业期 | 2001-03-09至2021-03-09 | | |
| 营业范围 | 水处理设备制造、环保设备、暖通空调、计算机软件的技术开发和服务、销售（依法须经审批的项目，经相关部门审批后方 | | |

图 4-16　企业详情界面

营业范围未截到的内容为“经相关部门审批后方可开展经营活动）”

第七步，点击“专利”，可查询该企业拥有专利，如果没有专利，返回“暂无数据”，如图 4-17 所示。

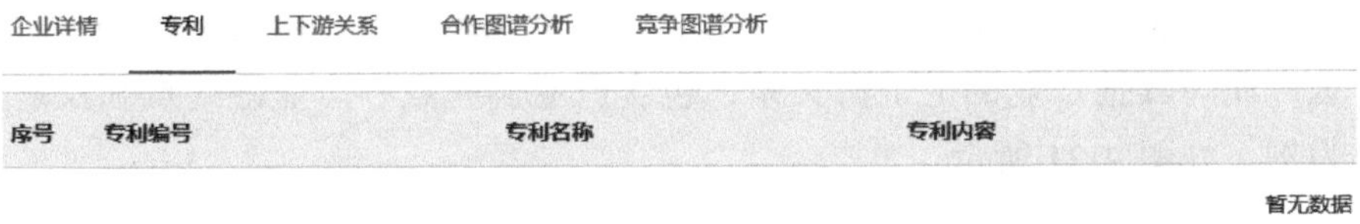


图 4-17　企业专利界面

第八步，点击“合作图谱分析”，可查询该企业与所有企业关联度统计数据，如图 4-18 所示。

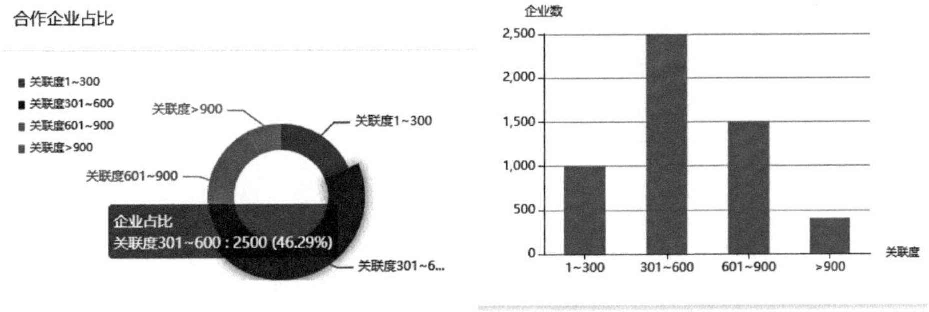


图 4-18　企业合作界面

界面截图左边省略内容为“关联度 301~600”

### 4.5.4　产业链查询功能

点击侧边栏中的“产业间分析”，进入产业间分析功能，该功能共有三个子功能，分别为产业链查询、波及效应分析、产业趋势预测，如图 4-19 所示。

点击“产业链查询”进入产业链查询功能，此功能下可以对所选产业相关产业链进行查询。操作步骤如下。

第一步，在网页右边的勾选框内，勾选需要分析的产业，可以勾选多个产业一起分析，以农业和林业为例，如图 4-20 所示。

图 4-19　产业间分析菜单

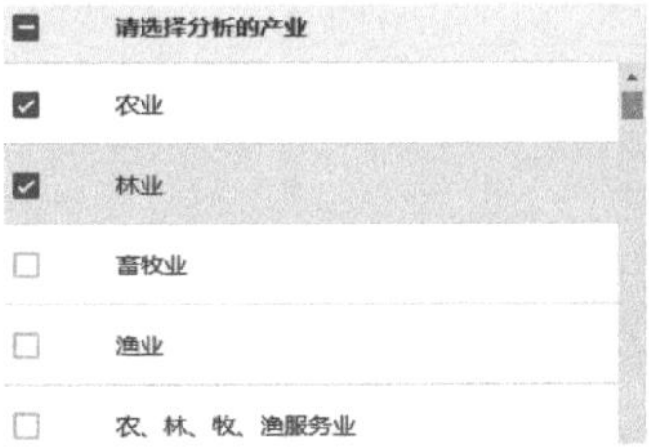


图 4-20　产业选择菜单

第二步，在选定产业之后，网站会生成对应的产业链图谱，图中每个实心圆代表一个产业节点，单向箭头连线表示产业链方向，箭头上数字为权重。

第三步，将鼠标移动到产业节点上，可以直观地看到在给定分析产业的前提下，该产业与其他产业的上下游关系，包含产业链起点、产业链终点和权重。以农业为例，如图 4-21 所示。

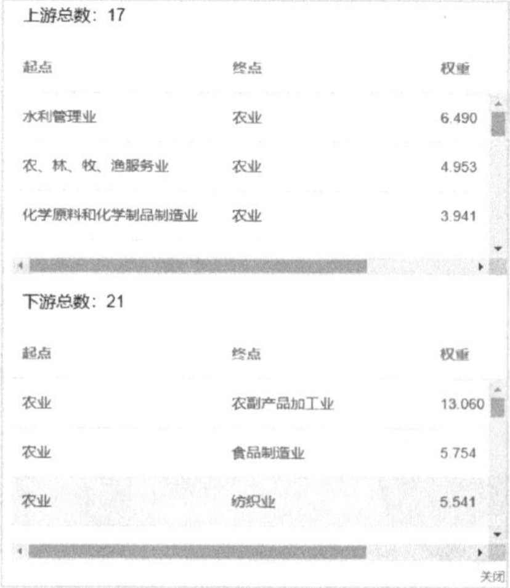


图 4-21　产业链上下游详情

### 4.5.5　波及效应分析

点击“波及效应分析”，进入波及效应分析功能，此功能下可对指定产业进行波及效应分析。操作步骤如下。

第一步，在网页右边的勾选框内，选择需要分析的产业，可选择多个，以选择农业和食品制造业为例，如图 4-22 所示。

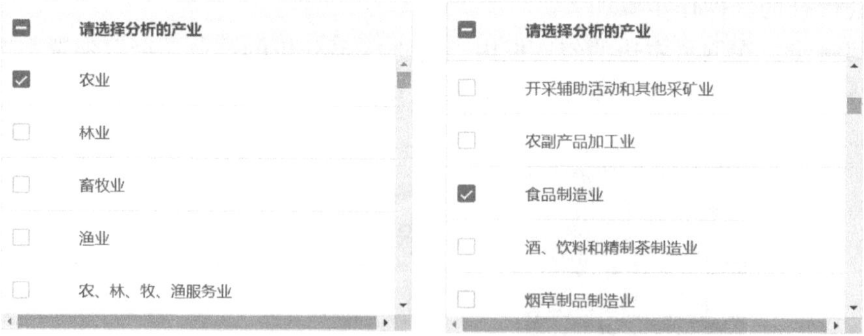


图 4-22　波及产业选择

第二步，勾选产业完成后，在网页中间会出现产业波及效应关联图，会根据所选产业自动匹配波及效应相关产业，以农业和食品制造业为例，选择产业后会自动匹配出农副产品加工业，并计算产业波及效应，如图 4-23 所示。

第三步，将鼠标移至代表产业的实心圆中，可以显示该产业在波及效应的权重，并显示与之相连的关联产业关系，以食品制造业为例，如图 4-24 所示。

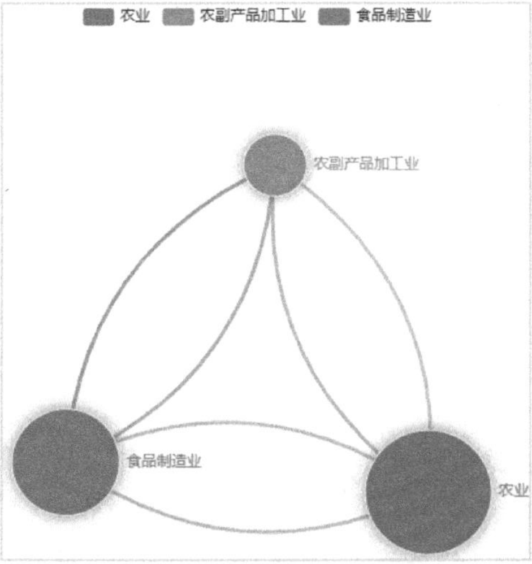


图 4-23　产业波及效应展示

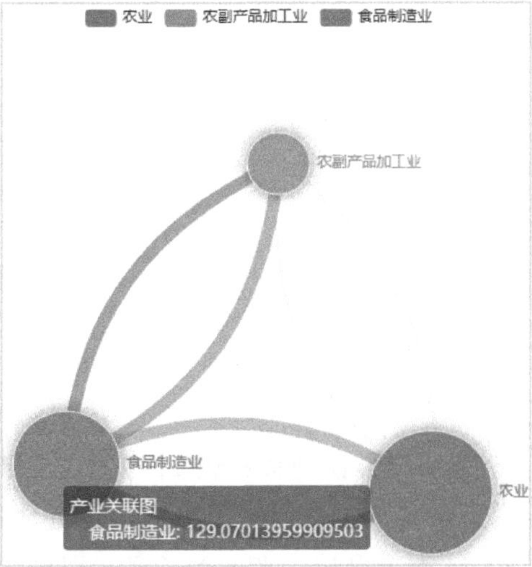


图 4-24　产业波及效应详情

第四步，点击“显示统计信息”，出现对于产业波及效应的柱状图分析数据，依据不同产业在波及效应中的权重构造分布，以农业和食品制造业为例（农副产品加工业为自动匹配波及效应相关企业），如图 4-25 所示。

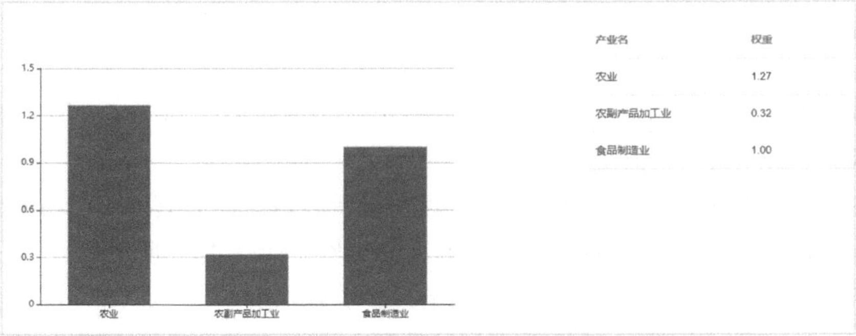


图 4-25　产业波及效应统计

### 4.5.6　产业趋势预测

点击“产业趋势预测”，进入产业趋势预测功能，此功能下可以对全国产业趋势利用产业节点和产业链进行预测。

以产业节点为选择核心，进行产业趋势预测。操作步骤如下。

第一步，在网页左边 2012 年全国产业链中选择“产业节点”，并在“产业节点”下拉菜单中选择需要进行产业链预测的节点，点击“添加”，添加进所选节点（可多选），点击已选中产业旁的叉号可取消选择。以农产品和渔产品为例，如图 4-26 所示。

图 4-26　2012 年产业节点选择

第二步，在网页右边 2017 年全国产业链中选择“产业节点”，并在“产业节点”下拉菜单中选择需要进行产业链预测的节点，点击“添加”，添加所选节点（可多选），点击已选中产业旁的叉号可取消选择。以农产品和渔产品为例，如图 4-27 所示。

图 4-27　2017 年产业节点选择

第三步，分别显示产业链结果，每个实心圆表示一个产业节点，单向箭头连线表示产业链上游到下游关系。

第四步，将鼠标移至产业节点上，可以显示以该产业为上游节点和下游节点的产业信息，以 2017 年全国产业链中农产品为例，如图 4-28 所示。

以产业链为核心进行产业趋势预测的操作步骤如下。

第一步，在网页左边 2012 年全国产业链中选择“产业链”，在产业链对应的两个下拉菜单中，前者为产业链上游，后者为产业链下游，点击“添加”，进行产业链添加，以添加“农产品→谷物磨制品”和“农产品→饲料加工品”为例，如图 4-29 所示。如果不存在该产业链，则网站会提示“不存在该产业链。”

第二步，在网页右边 2017 年全国产业链中选择“产业链”，在产业链对应的两个下拉菜单中，前者为产业链上游，后者为产业链下游，点击“添加”进行产

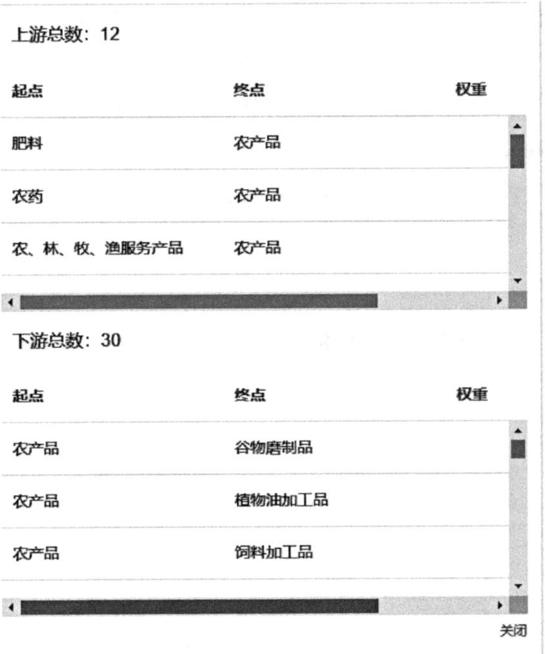


图 4-28　2017 年产业链上下游产业信息

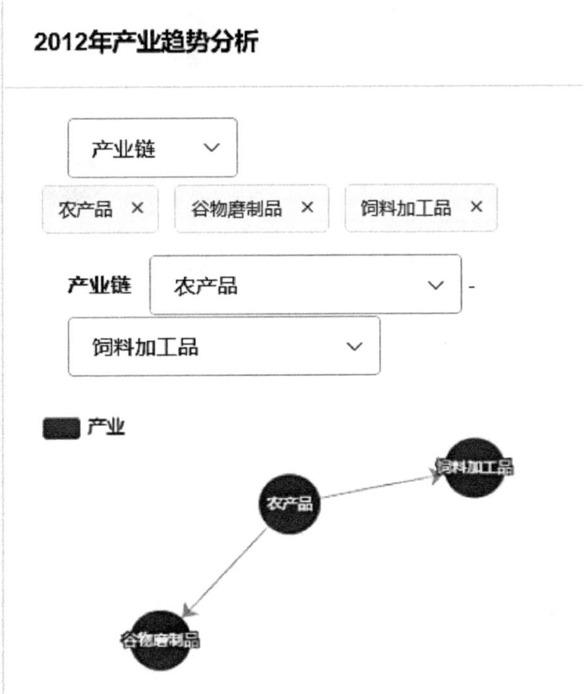


图 4-29　2012 年产业链选择

业链添加，以添加“农产品→谷物磨制品”和“农产品→饲料加工品”为例，如图 4-30 所示。如果不存在该产业链，则网站会提示“不存在该产业链”。

第三步，每个实心圆表示一个产业节点，单向箭头连线表示产业链上游到下游关系，将鼠标移至产业节点上，可以显示在选定产业链之后，以该产业为上游节点和下游节点的产业信息，以 2012 年全国产业链中饲料加工品为例，如图 4-31 所示。

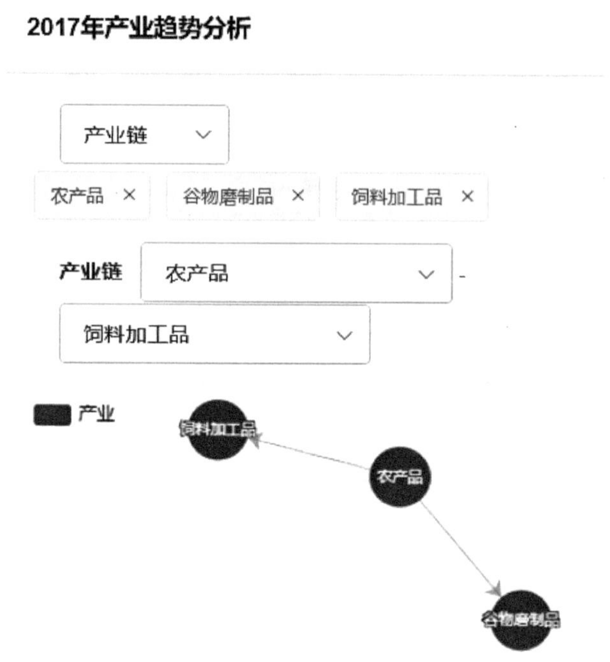


图 4-30　2017 年产业链选择

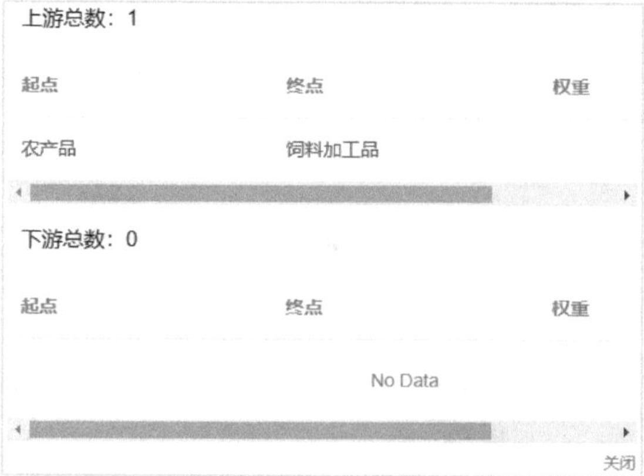


图 4-31　产业链详情

### 4.5.7　区域产业现状

点击侧边栏中的“区域内产业分析”，进入区域内分析功能，该功能共有三个子功能，分别为区域产业现状、区域产业趋势预测、区域政策建议，如图 4-32 所示。

图 4-32　区域内产业分析菜单选项

点击“区域产业现状”，进入区域产业现状分析功能，此功能下可以直观展示指定区域内的产业现状。操作步骤如下。

第一步，在“分析区域”下拉菜单中选择需要分析的区域，以“东湖高新技术开发区”为例，操作如图 4-33 所示。

图 4-33　分析区域菜单选项

第二步，网站会自动生成指定区域产业现状分析图表，包含企业基本情况、关键企业分布、产业分布、专利创新情况等。以东湖高新区为例，如图 4-34 所示。

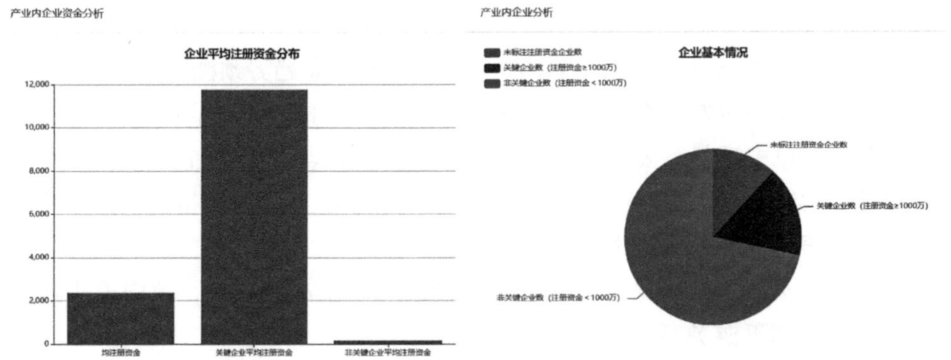


（a）

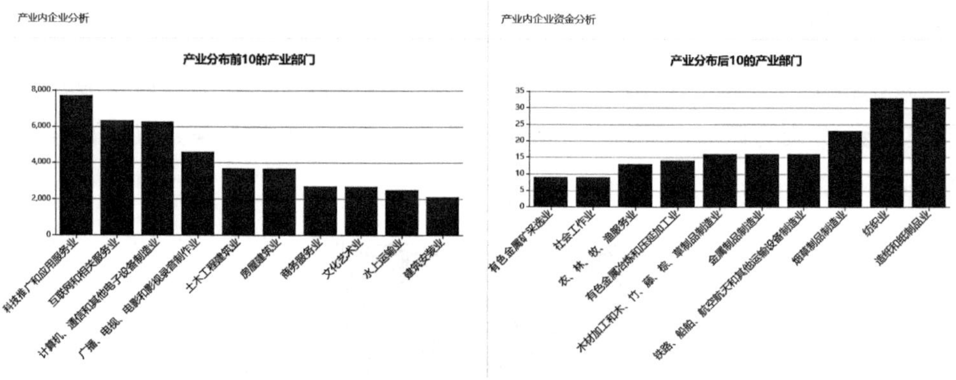


（b）

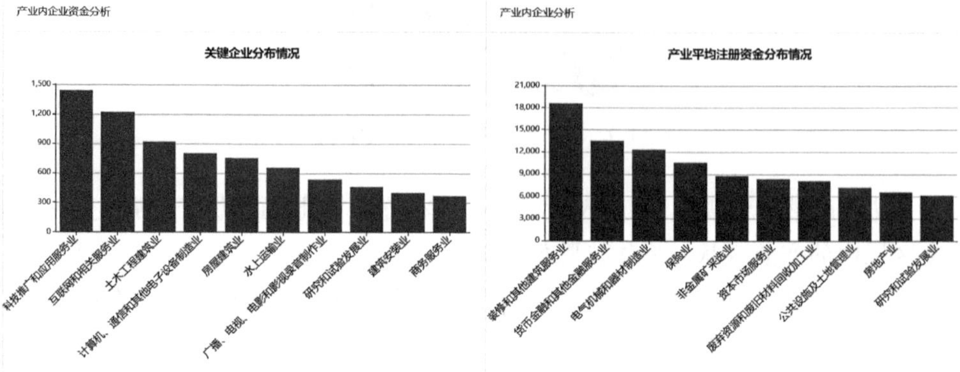


（c）

图 4-34　区域产业现状详情

### 4.5.8　区域产业趋势预测

点击“区域产业趋势预测”进入区域产业趋势预测功能，此功能下可以根据产业节点和产业链进行区域产业趋势预测，以东湖高新区传统产业链与新技术产业链为例，操作如下。

以产业节点为选择核心，进行东湖高新区传统产业趋势预测的操作步骤如下。

第一步，在网页左边东湖高新区传统产业链中选择“产业节点”，并在“产业节点”下拉菜单中选择需要进行产业链预测的节点，点击“添加”，添加所选节点（可多选），点击已选中产业旁的叉号可取消选择。以互联网和相关服务业及软件和信息技术服务业为例，如图 4-35 所示。

第二步，显示产业链结果，每个实心圆表示一个产业节点，单向箭头连线表示产业链上游到下游关系。

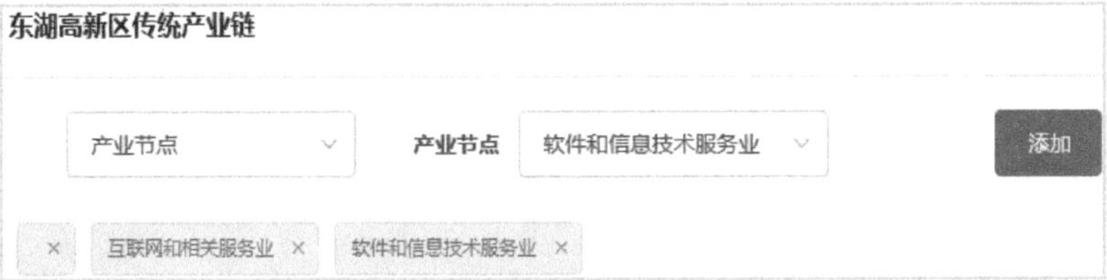


图 4-35　产业节点选择菜单（一）

第三步，将鼠标移动到产业节点上，可以直观地看到在给定分析产业的前提下，该产业与其他产业的上下游关系，包含产业链起点、产业链终点和权重。以互联网和相关服务业为例，如图 4-36 所示。

图 4-36　互联网和相关服务业产业链详情展示

以产业节点为选择核心，进行东湖高新区新技术产业趋势预测的操作步骤如下。

第一步，在网页右边东湖高新区新技术产业链中设置为“产业节点”，并在“产业节点”下拉菜单中选择需要进行产业链预测的节点，点击“添加”，添加所选节点（可多选），点击已选中产业旁的叉号可取消选择。以信息技术咨询服务和资本市场服务为例，如图 4-37 所示。

第二步，显示产业链结果，每个实心圆表示一个产业节点，单向箭头连线表示产业链上游到下游关系。

图 4-37 产业节点选择菜单（二）

第三步，将鼠标移动到产业节点上，可以直观地看到在给定分析产业的前提下，该产业与其他产业的上下游关系，包含产业链起点、产业链终点和权重。以信息技术咨询服务为例，如图 4-38 所示。

图 4-38 信息技术咨询服务产业链详情

以产业链为核心，进行东湖高新区传统产业趋势预测的操作步骤如下。

第一步，在网页左边东湖高新区传统产业链中选择“产业链”，在产业链对应的两个下拉菜单中，前者为产业链上游，后者为产业链下游，点击“添加”，进行产业链添加，以添加“金属制品→其他通用设备”和“金属制品→计算机”为例，如图 4-39 所示。如果不存在该产业链，则网站会提示“不存在该产业链。”，说明所选区域缺乏该产业链。

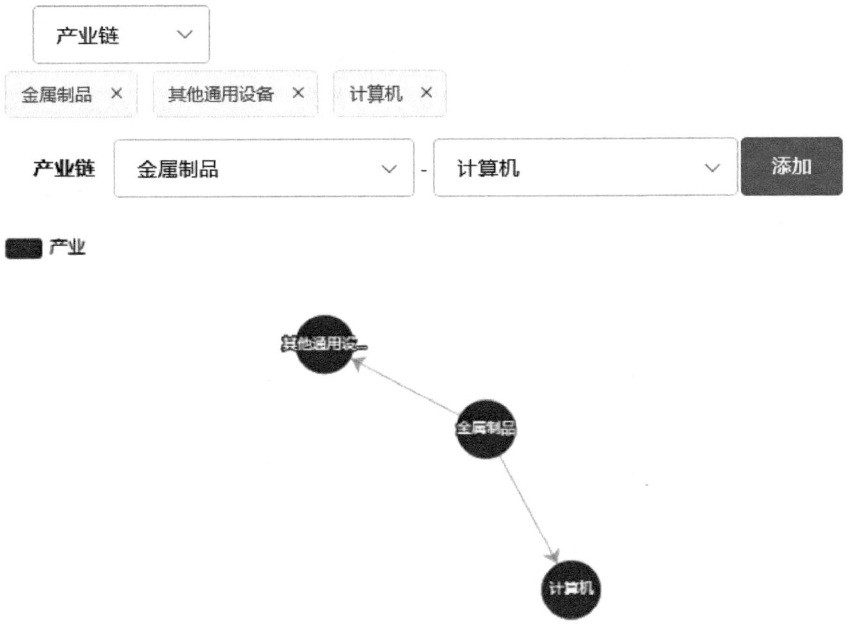


图 4-39　产业链选择菜单（一）

涉及产业有：其他通用设备、金属制品、计算机

第二步，每个实心圆表示一个产业节点，单向箭头连线表示产业链上游到下游关系，将鼠标移至产业节点上，可以显示在选定产业链之后，以该产业为上游节点和下游节点的产业信息，以金属制品制造业为例，如图 4-40 所示。

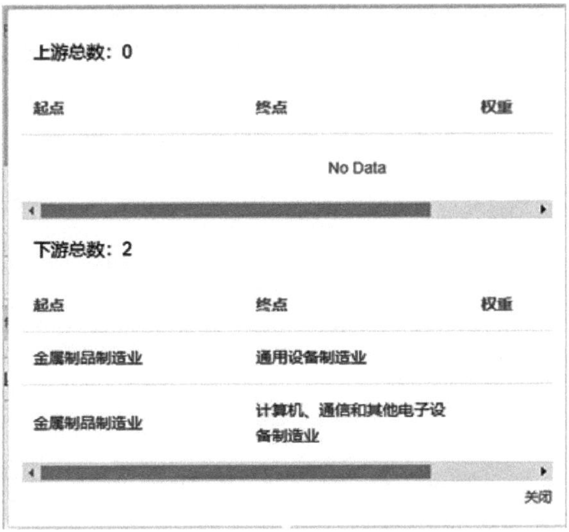


图 4-40　金属制品制造业产业链详情

以产业链为核心，进行东湖高新区新技术产业趋势预测的操作步骤如下。

第一步，在网页右边东湖高新区新技术产业链中选择“产业链”，在产业链对应的两个下拉菜单中，前者为产业链上游，后者为产业链下游，点击“添加”，进行产业链添加，以添加“高分子及复合材料→玻璃基板”和“高分子及复合材料→科技金融服务”为例，如图 4-41 所示。如果不存在该产业链，则网站会提示“不存在该产业链”，说明所选区域缺乏该产业链。

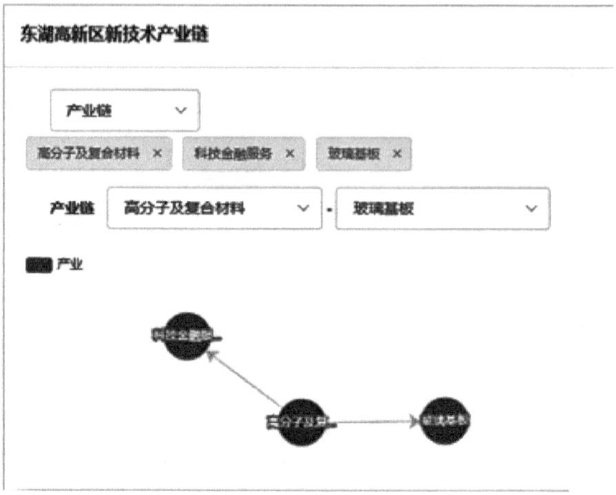


图 4-41　产业链选择菜单（二）

涉及产业有：科技金融服务、高分子及复合材料、玻璃基板

第二步，每个实心圆表示一个产业节点，单向箭头连线表示产业链上游到下游关系，将鼠标移至产业节点上，可以显示在选定产业链之后，以该产业为上游节点和下游节点的产业信息，以高分子及复合材料为例，如图 4-42 所示。

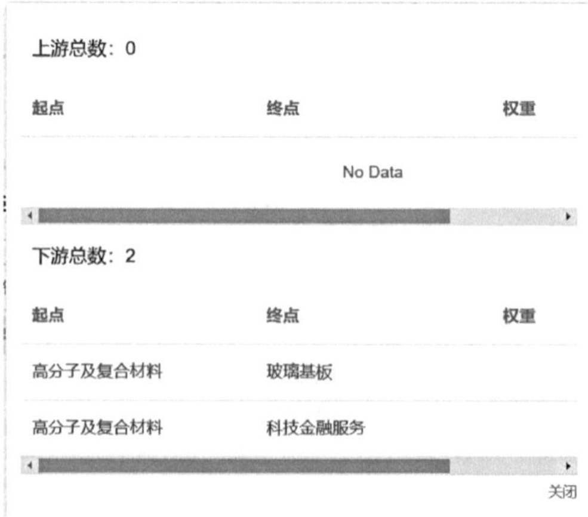


图 4-42　高分子及复合材料产业链详情

### 4.5.9　区域政策建议

点击“区域政策建议”，进入区域政策建议功能，此功能下可以上传与查看区域政策建议，如图 4-43 所示。

图 4-43　区域政策建议展示

查看区域政策建议的操作步骤如下。

选择“预览”，预览区域政策建议，支持翻页和旋转文档。以“东湖高新区示范报告.pdf”为例，如图 4-44 所示。

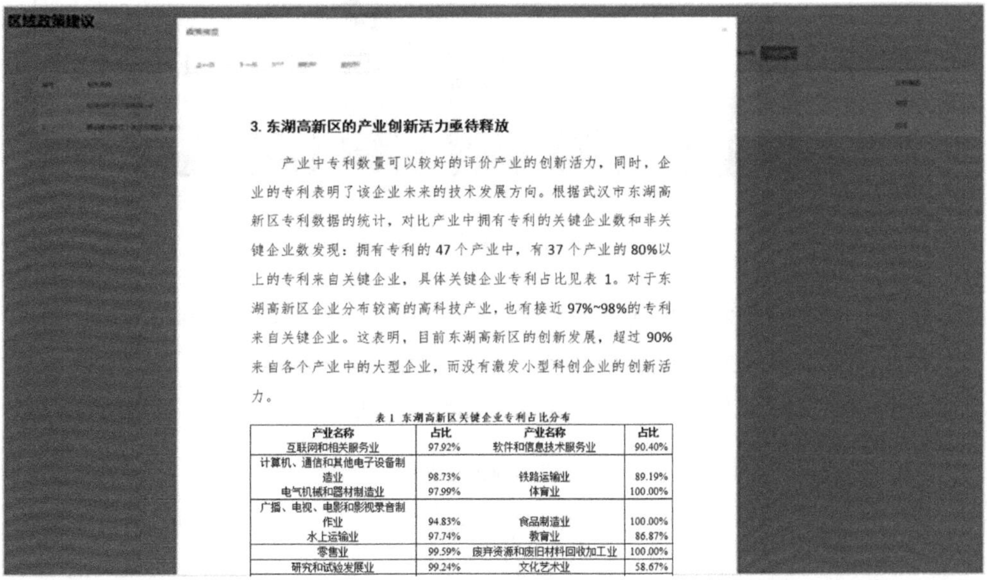

3. 东湖高新区的产业创新活力亟待释放

产业中专利数量可以较好的评价产业的创新活力，同时，企业的专利表明了该企业未来的技术发展方向。根据武汉市东湖高新区专利数据的统计，对比产业中拥有专利的关键企业数和非关键企业数发现：拥有专利的 47 个产业中，有 37 个产业的 80%以上的专利来自关键企业，具体关键企业专利占比见表 1。对于东湖高新区企业分布较高的高科技产业，也有接近 97%~98%的专利来自关键企业。这表明，目前东湖高新区的创新发展，超过 90%来自各个产业中的大型企业，而没有激发小型科创企业的创新活力。

表 1 东湖高新区关键企业专利占比分布

| 产业名称 | 占比 | 产业名称 | 占比 |
|---|---|---|---|
| 互联网和相关服务业 | 97.92% | 软件和信息技术服务业 | 90.40% |
| 计算机、通信和其他电子设备制造业 | 98.73% | 铁路运输业 | 89.19% |
| 电气机械和器材制造业 | 97.99% | 体育业 | 100.00% |
| 广播、电视、电影和影视录音制作业 | 94.83% | 食品制造业 | 100.00% |
| 水上运输业 | 97.74% | 教育业 | 86.87% |
| 零售业 | 99.59% | 废弃资源和废旧材料回收加工业 | 100.00% |
| 研究和试验发展业 | 99.24% | 文化艺术业 | 58.67% |

图 4-44　政策详情界面

### 4.5.10　区域间产业趋势预测

点击“区域间产业趋势预测”，进入区域间产业趋势预测功能，此功能下可以对比两个指定区域的产业趋势预测，以镇平县和邓州市为例。

生成区域间产业对比图的操作步骤如下。

第一步，在“比较区域”的两个下拉菜单中选择比较区域，点击“产业对比”。如图 4-45 所示。

图 4-45　比较区域选择菜单

第二步，在网页左边生成产业发展对比图表，在左侧图表中，可以通过按钮选择不同功能，自上而下分别为选择数据视图、转换折线图、转换柱状图、转换堆叠图、刷新页面、下载图片。以柱状图为例，如图 4-46 所示。

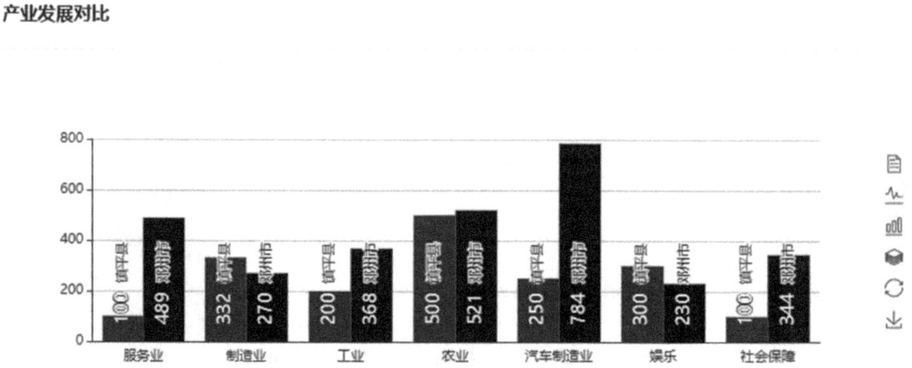


图 4-46　产业发展对比柱状统计图

第三步，在网页右边生成产业发展对比环形图，如图 4-47 所示。

使用产业节点模式生成区域间产业链对比图的操作步骤如下。

第一步，在网页左边镇平县产业链中选择“产业节点”，并在“产业节点”下

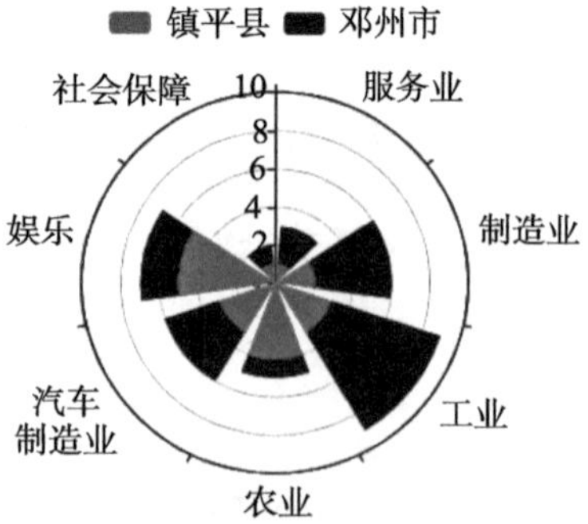


图 4-47　产业发展对比环形统计图

拉菜单中选择需要进行产业链预测的节点，点击“添加”，添加所选节点（可多选），点击已选中产业旁的叉号可取消选择。以汽车制造业和仪器仪表制造业为例，如图 4-48 所示。

图 4-48　镇平县产业节点选择菜单

第二步，在网页右边邓州市产业链中选择“产业节点”，并在“产业节点”下拉菜单中选择需要进行产业链预测的节点，点击“添加”，添加所选节点（可多选），点击已选中产业旁的叉号可取消选择。以汽车制造业和仪器仪表制造业为例，如图 4-49 所示。

图 4-49　邓州市产业节点选择菜单

第三步，分别显示产业链结果，每个实心圆表示一个产业节点，单向箭头连线表示产业链上游到下游关系，如图 4-50 所示。

第四步，将鼠标移至产业节点上，可以显示以该产业为上游节点和下游节点的产业信息，以镇平县产业链中汽车制造业为例，如图 4-51 所示。

使用产业链模式的操作步骤如下。

第一步，在网页左边镇平县产业链中设置为“产业链”，在产业链对应的两个下拉菜单中，前者为产业链上游，后者为产业链下游，点击“添加”，进行产业链添加，以添加“建筑安装业→专用设备制造业”为例。如果不存在该产业链，则网站会提示“不存在该产业链”。在网页右边邓州市产业链中选择“产业链”，在产业链对应的两个下拉菜单中，前者为产业链上游，后者为产业链下游，点击“添加”进行产业链添加，以添加“建筑安装业→专用设备制造业”为例。如果不存在该产业链，则网站会提示“不存在该产业链”。设置如图 4-52 所示。

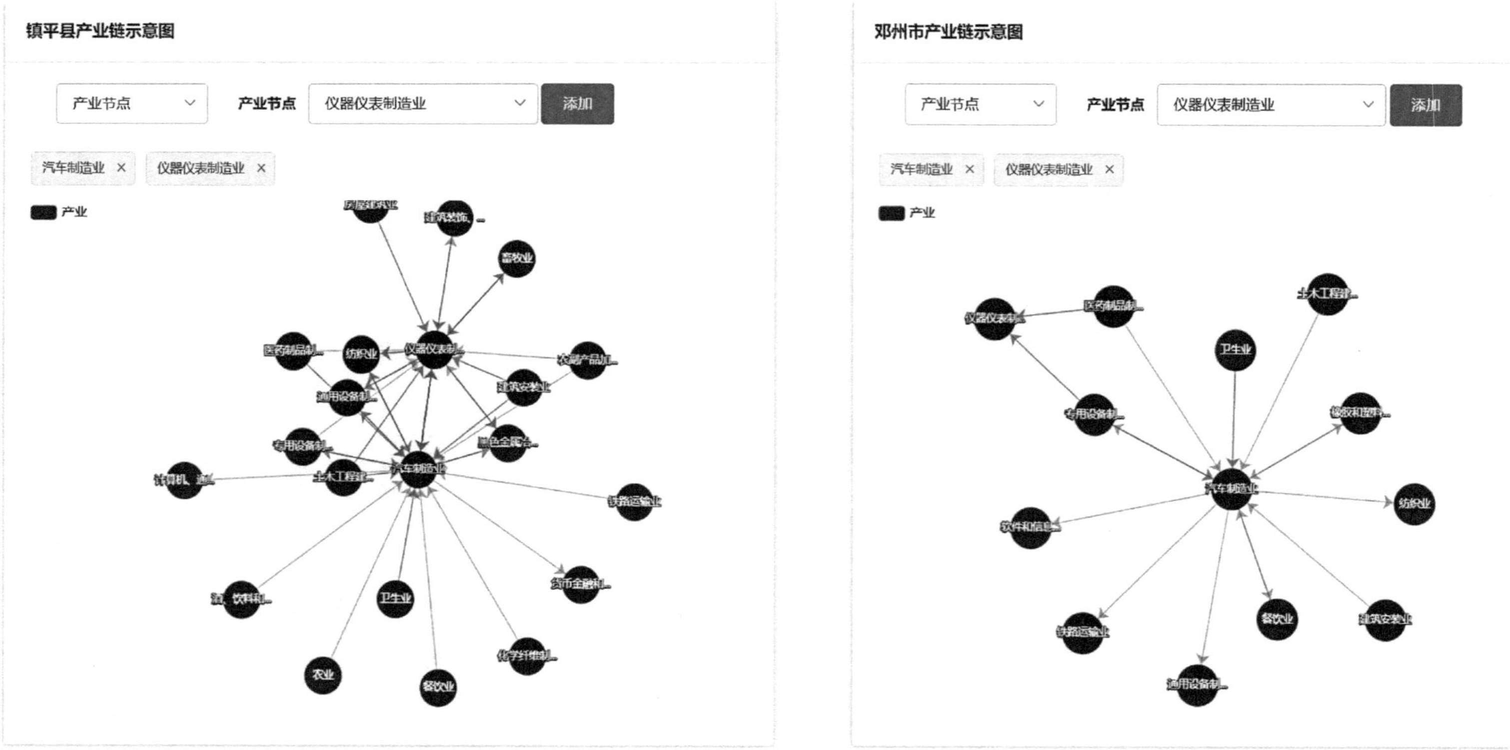


图 4-50 产业链发展预测

涉及的产业有：仪器仪表制造业，房屋建筑业，建筑装饰、装修和其他建筑业，畜牧业，医药制品制造业，纺织业，农副产品加工业，建筑安装业，通用设备制造业，黑色金属冶炼和压延加工业，汽车制造业，专用设备制造业，土木工程建筑业，计算机、通信和其他电子设备制造业，铁路运输业，卫生业， 酒、饮料和精制茶制造业，货币金融和服务业，化学纤维制造业，农业，餐饮业，软件和信息技术服务业

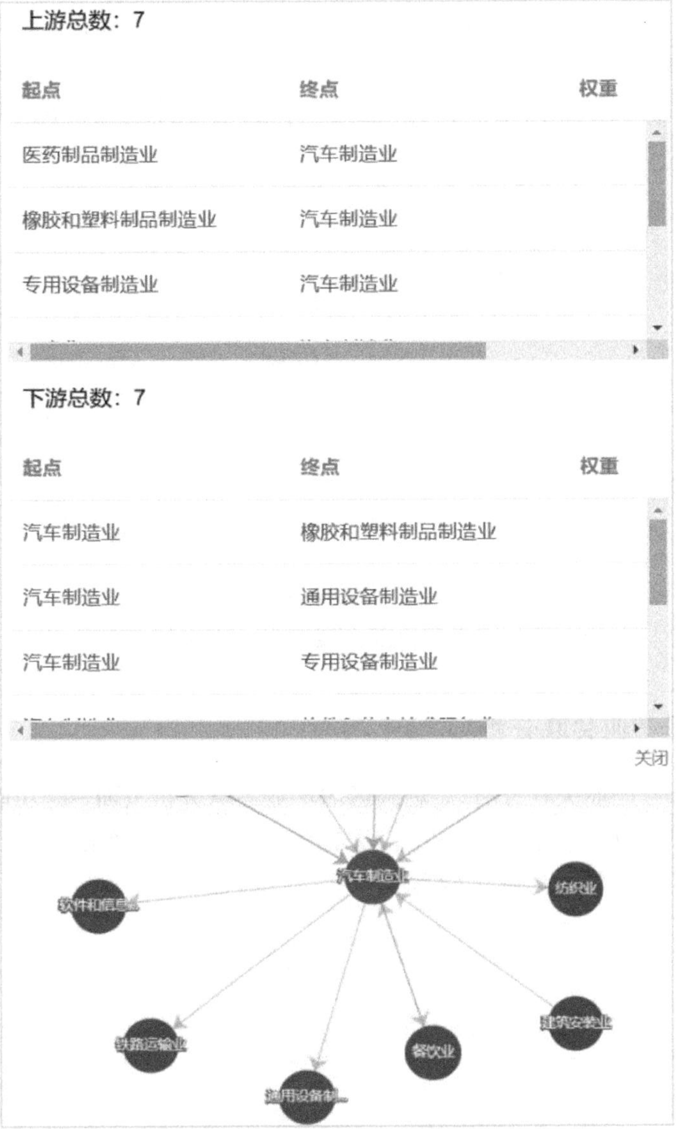


图 4-51　产业链发展预测详情

涉及的产业有：软件和信息技术服务业，汽车制造业，纺织业，

铁路运输业，通用设备制造业，餐饮业，建筑安装业

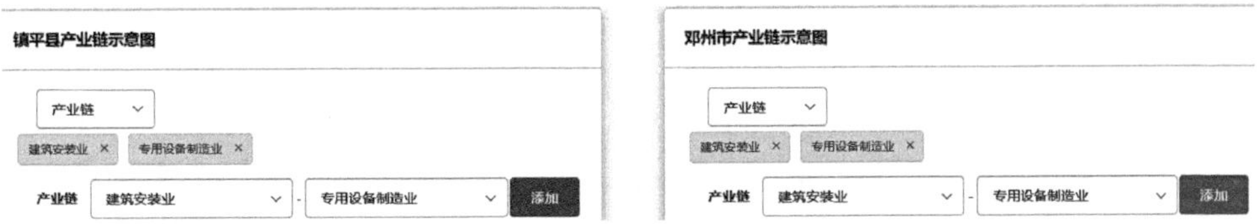


图 4-52　产业链添加菜单

第二步，每个实心圆表示一个产业节点，单向箭头连线表示产业链上游到下游关系，将鼠标移至产业节点上，可以显示在选定产业链之后，以该产业为上游节点和下游节点的产业信息，以镇平县建筑安装业为例，如图 4-53 所示。

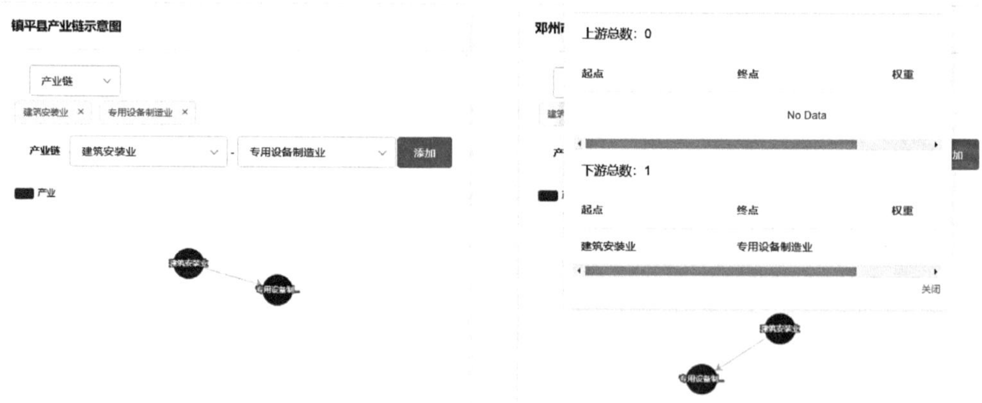


图 4-53　产业链预测对比

涉及的产业有：建筑安装业、专用设备制造业

### 4.5.11　区域产业关联分析

点击“区域产业关联分析”，进入区域产业关联分析页面，此功能可以直观展示把不同区域之间的产业关联关系，以东湖高新区为例，东湖高新区向武汉市其他区域辐射的分析结果如图 4-54 所示。

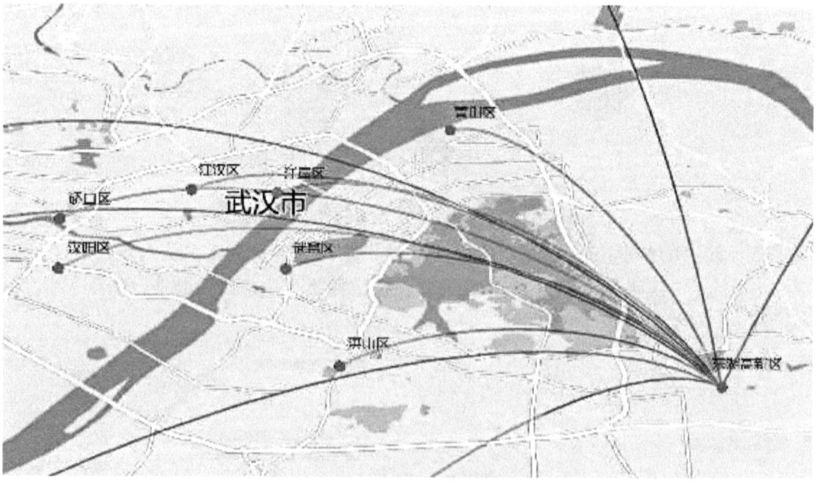


图 4-54　区域产业关联分析

### 4.5.12　区域间政策建议

点击“区域间政策建议”，进入区域间政策建议功能，此功能下可以上传与查看区域间政策建议。

上传区域政策建议操作步骤如下。

第一步，点击“点击上传”，如图 4-55 所示。

第二步，点击“选择文件”选择对应的文件，点击确定进行上传，如图 4-56 所示。

图 4-55　文件上传按钮

图 4-56　文件上传界面

查看区域政策建议操作步骤如下。

选择“预览”，预览区域政策建议，可以翻页和旋转文档。以“新冠肺炎疫情下武汉对我国产业发展的影响分析.pdf”为例，如图 4-57 所示。

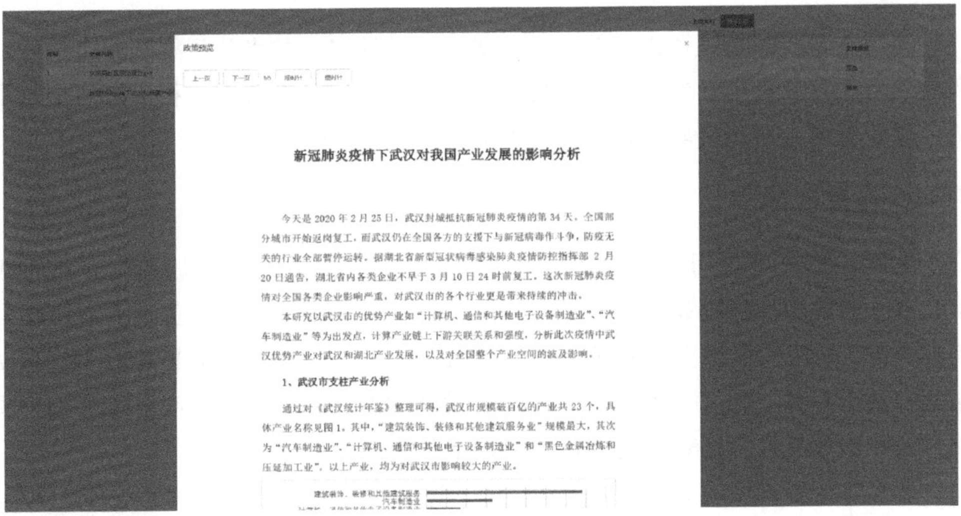


图 4-57　政策详情界面

# 第 5 章

# 区域产业发展的精准实施

在整套产业推荐逻辑基础上，通过精准预测，形成对空间单元的产业链规划路径图，这为地方产业规划提供了核心内容和科学支撑。有了路径图，下一步是精准引导和组织产业要素，进而精准实施，把发展路径转化为实践，构建集成的产业创新生态体系。本书首先精准评估既定空间单元的产业底图，以产业链为纽带进行全要素多维度的刻画。其次，基于要素禀赋、产业链演进规律、投入产出表和上下游供应链的产业发展预测方法，对既定空间单元的产业链发展进行精准预测。最后，以既定空间单元的高质量发展为目标，基于构建产业链的需要，寻找和弥补产业链的薄弱环节，精准推荐具体且可真实触达的产业要素资源，有序打造产业集群。

## 5.1 基于主题匹配和推荐逻辑的精准实施组织方案

利用主题匹配模型可以对输入文档进行主题抽取，并将其匹配到对应的区域产业战略研究分析平台中的复用组件，帮助用户找到对应功能。利用协同推荐系统可以针对输入文档自动推荐以往的解决案例，以供用户参考。

### 5.1.1 主题匹配

主题匹配模型是用来抽取文档的主题内容并寻找与之最接近的主题进行匹配，在本系统中主题即每个可复用子功能，如输入文档为“园区负责人表示在当前形势下，园区发展最重要的还是吸引高端人才……”，根据主题匹配模型，自动匹配“基于专利、人才、资本、企业等要素禀赋的区域空间单元产业发展趋势预测方法和产业链推荐逻辑”功能。具体技术路线如下。

假设在语料库中一共有 $k$ 个主题。对于每篇输入文档，都有各自的主题分布，该分布是服从 Dirichlet（狄利克雷）分布的多项分布，设定该 Dirichlet 分布的参数为 $\alpha$ 。假设文档 $m$ 的主题分布为（0.01, 0.01, 0.90, …, 0.01），根据主题分布的概率值，可判断该文档的主题更偏向于第 3 个主题，认为该文档属于第 3 个主题。对于语料库中的词语，每一个主题都有其词的分布，该分布同为服从 Dirichlet 分布的多项分布，设定该 Dirichlet 分布的参数为 $\beta$ 。主题匹配模型需要建立文档与主题的概率关系并学习 $\alpha$ 和 $\beta$ 。

对于生成文档 $m$ 中的第 $n$ 个词语概率分布 $w_{mn}$ 的方法如下。

1. 抽取词语的主题

某文档主题的 Dirichlet 分布中的超参数为 $\alpha$ ，通过该 Dirichlet 分布，得到文档 $m$ 的主题分布 $\theta_m:(p_1,p_2,\cdots,p_k)$ ，其中 $k$ 表示主题个数，据此分布采样出某个主题，得到文档 $m$ 的第 $n$ 个词语的主题编号 $Z_{mn}$ 。

2. 抽取主题的词语

通过某主题的 Dirichlet 分布采样得到所有主题词语的分布 $\varphi$ ，对于主题 $s$ 得到分布 $(p_{s1},p_{s2},\cdots,p_{sv})$ ，其中 $v$ 表示语料库中词语的个数。根据 $Z_{mn}$ 在主题词分布中找到对应的主题，假设该主题为主题 $t$ ，从主题 $t$ 的词分布 $(p_{t1},p_{t2},\cdots,p_{tv})$ 中取样 1 个词语，得到 $w_{mn}$ 。

文档 $m$ 中的所有词语经过以上步骤，得到词语相应的概率分布，使用 Dirichlet-multi 共轭得到该文档的主题概率分布，其中出现概率最高的主题，可认为是该文档的主题，在本平台中即该文档对应的可供使用的子功能模块。

### 5.1.2　协同推荐

协同推荐算法又称协同过滤算法，利用协同推荐算法为用户的需求推荐解决方案。平台根据输入文档的语义信息，自动匹配相关的已有解决案例供决策者参考。用户的输入文档一般包含需要解决的问题的关键词，如“如何建立区域内产业链评估体系？”中包含关键词“区域内”“产业链”“评估”，这些关键词可以作为协同推荐的参考中心，用以检索和推荐先前的案例。使用基于物品的协同过滤算法，利用关键词对已有的案例进行分析，形成案例之间的相似网络，并可以根据用户的需求提供相似案例以供参考，具体算法如下。

1. 建立案例与关键词关系

用关键词提取算法对案例抽取关键词，案例 $a$ 的关键词记为 $(w_{a1},w_{a2},\cdots,w_{aT})$ ，其中，$T$ 表示案例 $a$ 中提取的关键词数。对于某个关键词 $w$ ，将所有包含该关键词的案例建立案例集合 $C_w=\{c_1,c_2,\cdots,c_n\}$ ，其中 $n$ 表示包含关键

词 $w$ 的案例总数。对于关键词 $u$ 和关键词 $v$，案例集合分别为 $C_u$ 和 $C_v$，通过如下公式计算关键词 $u$ 和关键词 $v$ 包含的案例的相似关系 $R_{uv}$：

$$R_{uv} = \frac{|C_u \cap C_v|}{\sqrt{|C_u||C_v|}}$$

$R_{uv}$ 的值越大，表示包含关键词 $u$ 和包含关键词 $v$ 的案例之间的相似性越高。

2. 度量文档与案例匹配度

在计算完所有关键词与案例关系之后，得到以关键词为核心的案例网络，通过关键词在不同的案例之间建立联系。假设用户输入文档为文档 $m$，利用关键词提取算法得到关键词为 $(w_{m1}, w_{m2}, \cdots, w_{mT})$，其中，$T$ 表示文档 $m$ 中提取的关键词数。对文档 $m$ 中某个关键词 $w_{mt}$ 使用如下公式计算兴趣度：

$$p(w_{mt}, i) = \sum_{v \in S(w_{mt}, K) \cap N(i)} R_{w_{mt}v} r_{vi}$$

其中，$S(w_{mt}, K)$ 表示包含和关键词 $w_{mt}$ 案例相似度最高的前 $K$ 个关键词；$N(i)$ 表示包含案例 $i$ 的关键词集合；$R_{w_{mt}v}$ 表示关键词 $w_{mt}$ 和关键词 $v$ 之间的案例相似度；$r_{vi}$ 表关键词 $v$ 和案例 $i$ 的关系，默认为 1。

根据 $p(w_{mt}, i)$ 计算出输入文档中某个关键词 $w_{mt}$ 与各个案例之间的关系，由此得到与之最相关的案例，对所有关键词与案例进行兴趣度计算，在兴趣度前 $k$ 个中出现次数最多的案例即与该输入文档最为匹配的案例，根据出现的次数排名，得到推荐的案例列表。

## 5.2 产业链在不同发展演进阶段的技术要素组织实施方案

为了对区域空间单元产业链提供技术要素组织方案，采用专利和论文等科技成果作为技术要素的表现形式，通过比较案例研究法，对比产业发展先进的区域空间单元的产业链及技术发展情况，着力“补链延链强链”，攻克目标产业关键共性技术、建立优势产业与增创产业优势。通过内容匹配与推荐的方法，组织高校及研究院所与企业的匹配和对接，建立技术要素研发与应用的闭环，促进科技成果的转化与产业化，推动区域产业的转型与升级。

具体技术方法为：首先使用全国企业数据库中的企业数据，利用基于词向量的产业分类算法找出既定区域中属于互联网和相关服务业的企业，利用专利数据库找出所属企业的专利文本。然后，基于空间单元相似性算法，将有类似资源禀赋的空间单元进行比较研究。最后，基于研究院所与企业之间的匹配和推荐算法，实现二者的良性互动，进而提升科技成果的转化及产业化。

## 5.3　产业链在不同发展演进阶段的资金要素组织实施方案

利用产业上下游波及效应作为资金要素的表现形式，衡量产业上下游中的关键产业节点，寻找最佳投资方案。对上游产业增加资金投入可带动目标产业的发展；对下游产业增加资金投入可扩展目标产业下游市场。根据不同类型的资金对产业不同发展阶段的支持效果差异，科学组织资金要素，具体分为政府产业基金、耐心资本、市场化资本、国家自然科学基金四类资金要素。

### 5.3.1　政府产业基金，引导长期产业发展

在融资约束的背景下，政府出资设立产业引导基金。对政府来说，看重的是促进本地未来长期的产业和经济发展，能在招商引资中发挥积极作用，特别是企业入驻后对地方税收带来的贡献，增加财政收入，前期投入的母基金起到对投资机构的吸引和向导作用。对投资机构来讲，政府的母基金是一份很重要的产业发展背书，为了维持企业的发展，政府一定会给予大力支持。因此，企业亏本或倒闭的可能性均比社会基金小，投资机构则会筛选“潜力股”企业，最终通过退出机制获取高额的投资回报。对企业来说，如果政府给予的环境配套和投资机构给予的资金支持足够有吸引力，即使当地产业基础薄弱或产业链不完善，也可通过自身力量招揽上下游企业入驻，形成产业闭环。如果政府投资基金运营好，将是政府、投资方、企业三方共赢的模式。

### 5.3.2　耐心资本，扶植早期硬科技型的产业和企业

耐心资本不仅仅是以时间来衡量的，它的核心功能是围绕科技创新投资来讲的，是覆盖科技成果转化的全过程，要帮助科技创新企业跨越死亡谷。投原始创新、投高端硬科技，助力前沿领域的科技成果在实验室阶段获得市场资金的支持，从而加速实现商业化。根据特定空间单元的产业发展情况，组织耐心资本投入。

### 5.3.3　市场化资本，战略布局产业链

一般按照企业所在产业的初创阶段、成长阶段、成熟阶段，分别用不同的投资策略布局全产业链。例如，腾讯和阿里巴巴分别下设有投资基金，进行全产业链投资。总体来看，市场化资本更倾向于战略投资、成长阶段的产业化布局。

### 5.3.4　国家自然科学基金，是产学研发展不可或缺的资金要素

促进交叉学科的融合研究，助力产业发展。自然科学基金在推动我国自然科

学基础研究的发展，促进基础学科建设，发现和培养优秀科技人才等方面取得了巨大成绩。国家基金数量和经费额度是衡量学校科研创新能力，提高科研创新水平的一种重要标志。自然科学基金发挥着巨大的作用，一是几乎培养了所有的高等级科研人员；二是基本建立了基础科学的科研体系；三是初步满足了高校青年教师的科研经费需求；四是孵化出了一大批国家级重大科技成果。

## 5.4 产业链在不同发展演进阶段的人才要素组织实施方案

针对人才要素，不同产业链发展阶段的人才配比结构也有所不同。推动产业转型升级，优化人才发展环境，其重点是要在产业链上构建人才链。人才组织要素的关键是要制定人才开发路线图，靶向寻访高精尖人才。以产业发展路径和技术难题攻关为指引，探索运用专利导航和大数据分析方法，搜索掌握关键核心技术的科研机构及领军人才，引导用人单位按照需求靶向引才，实现人才链、技术链、产业链无缝对接。

使用产业人才分析指标代表既定产业链的人才类型。对于每个产业节点，将其中支撑产业发展的人才根据其特征分为三类，分别为高层次顶尖产业人才、技术研发型产业人才、应用型产业人才三类人才。其中，高层次顶尖产业人才为在某个产业领域具有重大贡献和可以引领当前产业发展方向的人才；技术研发型产业人才为在某个产业领域具有一定的研发能力和技术创新能力的人才；应用型产业人才为在某个产业领域具有一定的技术落地能力和产品开发能力的人才。利用产业人才网络建立产业链人才配比模板，每个产业节点对于三类人才的需求比是不同的，利用优秀的产业链中的人才配比情况作为参考，可以对需要优化的城市进行合理的人才配比。由此制订产业链不同发展演进阶段的人才要素实施方案。

当产业链处于构建初期时，更需要引进成熟发明家型人才。

当产业链处于产业节点需要单点突破技术时，需要培养新型年轻人才、促进高校合作和科技成果产业化。同时强化校企协同，定向培育人才，加快建设职业院校，培养适应现代化产业需求的高素质人才。在学科专业设置方面，与产业精准对接，加快建设机器人、大数据、人工智能等新工科专业，组建跨学科、跨专业的产业学院。完善校企双制办学模式，促进技工院校与企业在专业建设、课程改革、师资培养、技术研发、技能评价等方面深度合作。推动校企联合搭建实践平台，推行面向企业真实生产环境的任务培养模式，开展学校与企业、专业与企业、班级与企业等多层次合作办学。推行以“招工即招生、入企即入校、企校双师联合培养”为主要内容的企业新型学徒制，由企业与技工院校、职业培训机构、企业培训中心等培训机构合作，组织企业技能岗位新招用和转岗等技能人员参加学徒培训，重点培养符合企业岗位需求的中高级技能人才。

当产业链处于稳定期待迈向国际化的时候，需要在全球范围内寻找并配置高端人才，带来国际化思维，甚至将产业链业务边界拓展至国外。此阶段目标是围绕构建具有国际竞争力的现代产业体系，着力打造国际高端生产性服务集聚区，引进国际国内高端金融智库、顶尖金融机构联合培养高素质金融人才，全面提升工业设计人才素质，加强培养现代物流专业人才，建设知识产权、人力资源、会展、律师、会计等专业服务人才培训基地。在政策组织上，可以出台关于强化本地高质量发展人才支撑的实施意见，围绕重点培育发展战略性支柱产业集群、战略性新兴产业集群，统筹推进经营管理人才、创新研发人才、专业技术人才、技能人才等各类人才队伍建设。

## 5.5　产业链在不同发展演进阶段的精准招商组织实施方案

明确目标空间单元在招商场景下能匹配到的政策、资源和配套，并结合当地的规划，按照产业链所处的不同的发展阶段，找到相关产业中的优秀企业作为可供精准招商的目标企业，为既定区域空间单元的招商和先进企业的引进提供精准实施方案。按照本地产业所处的不同发展阶段，分情况进行精准招商。

### 5.5.1　当空间单元内的产业链处于初期阶段

以某地刚建成的集成电路产业园区为例，此时需要引进大型企业作为龙头标杆，加快产业链形成，推动集群发展，发挥集聚效应。龙头企业越多，产业链就越丰富，产业的带动性就越强，产业集群辐射力就越大，这有利于提高核心竞争力，使主导产业更加突出。在此阶段，发挥龙头吸附作用是尤为重要的，就近形成一条围绕某产业方向的大型产业链，对推进当前空间单元内的产业结构转型升级，助力当地建设产业基地具有重要意义。此外，龙头企业在规模和效益两个方面对空间单元内的其余企业具有显著的促进作用。但要注意，龙头企业和其他企业之间的绩效差距可能会抑制该作用，因此在引进龙头企业时，要兼顾与其他企业的绩效差距问题。

### 5.5.2　当空间单元内的产业链处于快速发展阶段

当产业链向更精细化的产业结构演进时，需要引进中小型科创企业，用其先进的技术能力，提升产业链演进过程中的创新能力，打造抵御风险的创新链，从源头增强产业链韧性。在此阶段的产业结构中，需要促进创新链与产业链深度融合，通过挖掘行业潜力企业，更好地促进新业态不断培育壮大，使之真正成为经济高质量发展的新增长点。围绕创新链布局新兴产业链，从而实现产业链再造和价值链提升。

此阶段引进企业的目标是：向产业链两端延伸。例如，某龙头企业的业务主要集中在重型装备制造，处于产业链中间环节，产业链上下游则相对薄弱。为此，要持续提升基础材料研发和设计等原创技术能力，开发高附加值的新产品、新技术，持续为产业链提供先进技术支持。例如，联合高校及科研院所开展大型铸锻件基础材料及工程试制一体化研发，开展高端装备设计技术提升及“工艺包”开发等。

### 5.5.3 当空间单元内的产业链处于较为稳定和成熟的阶段

当产业链向更广泛的应用领域发展时，需要多引进产业链下游的企业，拓展业务边界，使空间单元内的产业链形成自给自足的业态模式。

## 5.6 实际综合型案例

在组织产业实施要素后，逐步构建集成产业创新生态体系。为了验证精准实施和政策落地的有效性，本书采用了浙江省产业创新服务综合体为样本，进行实证分析。浙江省产业创新服务综合体是以产业创新公共服务平台为基础，坚持政府引导，企业主体，高校、科研院所、行业协会以及专业机构参与，聚焦新动能培育和传统动能修复，集聚各类创新资源，为广大中小企业创新发展提供全链条服务的新型载体。《浙江省产业创新服务综合体建设行动计划》的目标是从 2018 到 2020 年，每年择优选定 10 个左右市、县（市、区）开展产业创新服务综合体建设，建设期限为 3 年；到 2022 年，全省建成 50 个以上产业创新服务综合体。

### 5.6.1 浙江产业创新综合体的主要做法

1. 申报机制确保了生态组织者对产业本底的了解

申报要求使得负责申报的政府和综合体本身熟悉本地的产业本底，并具备相对充分的产业创新服务能力。产业创新服务综合体以“1 + *X*”模式开展建设。“1”是指各市、县（市、区）政府建立产业创新服务综合体建设工作机制，统筹产业创新服务体建设的组织领导、顶层设计、统一规划、政策整合；“*X*”是指立足各地产业发展实际和资源禀赋，探索建立若干不同特色、不同模式的产业创新服务综合体。市、县（市、区）规划建设的“*X*”产业创新服务综合体，由市、县（市、区）政府申报。

#### 2. 建设措施充分体现了对各产业创新主体的服务

建设举措全方位涵盖了产业创新涉及的各项服务，包括集聚海内外设计机构和设计人才创意设计体系，依托重点实验室等各类创新服务平台的技术创新体系，政产学研用一体化的协同创新体系，以降低中小微企业创新创业成本为目标的产业创新公共服务体系，依托大数据技术的在线科技成果交易市场体系，集展示、交易、孵化、共享、服务于一体的科技型小微企业孵化体系，政府和社会资本合作创新创业孵化体系，专利商标版权“三合一”的知识产权保护体系。

通过突出企业创新主体地位，强化政府引导作用，聚集资本、技术、人才、政策等创新要素，构筑政府、企业、高校、科研院所、行业协会、金融机构、中介机构等主体开放、共享、协同、共赢的产业生态体系，增强主导产业竞争优势，培育创新型产业集群。

#### 3. 评价指标体系由专家组实地考察并打分

省科技厅会同省财政厅对综合体实施年度绩效评价和建设期满考核，对支持综合体建设的省财政资金按规定全面实施预算绩效管理。年度绩效评价每年开展一次，凡列入创建或培育半年以上的综合体均要参加。年度绩效评价以定量评价、定性评价和分类评价相结合的方式开展，以绩效评价指标得分进行排名，评价结果向社会公布（表 5-1）。

### 5.6.2　浙江产业创新综合体的既有成效

截至 2021 年 3 月，浙江全省共建设综合体 304 家，其中省级 138 家，已覆盖全省 11 个地市和 80 个县（市、区），基本实现传统块状经济和现代产业集群“两个全覆盖”。对建设期超过 1 年的第一批、第二批 65 家省级综合体开展绩效评价结果显示：综合体对于集聚创新资源要素、促进新旧动能转换具有重要意义，在服务企业创新发展、助力复工复产方面发挥了重要作用。本次评价的 65 家综合体累计集聚各类创新服务机构 1978 家，入驻大院名校共建创新载体 392 家，服务企业 11.3 万家，为中小企业提供服务 107.3 万家次。主要做法和成效如下。

（1）集聚创新资源，强化服务能力。综合体通过集聚知名高校和行业技术实力领先的院校，引进创新人才团队落户，打造“一站式”服务窗口，加快优质创新资源的集聚。例如，宁波绿色石化产业创新服务综合体入驻化工学科全国排名第一的天津大学，建设浙江研究院，温岭泵业产业创新服务综合体入驻全国唯一的国家水泵及系统工程技术研究中心，共建温岭研究院。65 家综合体共集聚创新服务人才 1.2 万名，其中副高以上或博士学位等高层次人才占比达 26.9%。磐安中药产业创新服务综合体建成创新服务中心，涵盖农业、供销、税务、市场监管等7个部门办事窗口。

**表 5-1 评价指标**

| 一级指标 | 二级指标 | 标准分 |
|---|---|---|
| 体制机制创新 15 分 | 政府部门协同推进、最多跑一处、数字化服务能力 | 5 |
| | 统一的专业化管理机构、市场化运行、可持续发展能力 | 5 |
| | 龙头企业带动全产业链提升 | 5 |
| 创新能力指数 25 分 | 科技创新资源集聚指数 | 8 |
| | 科技人才团队集聚指数 | 8 |
| | 关键共性技术攻关指数 | 9 |
| 服务能力指数 25 分 | 建设进度（质量）指数 | 8 |
| | 服务成效指数 | 12 |
| | 科技金融指数 | 5 |
| 产业竞争力提升 25 分 | 产业集群研发投入强度（%） | 4 |
| | 产业集群研发投入强度较上年增长（百分点） | 4 |
| | 产业集群全员劳动生产率（万元/人） | 4 |
| | 产业集群全员劳动生产率较上年增长（百分点） | 4 |
| | 当年新增国家高新技术企业数占比（%） | 3 |
| | 综合体所在产业差异化评价 | 6 |
| 带动区域创新 10 分 | 科技创新指数 | 4 |
| | 当年企业研发费用加计扣除额（万元） | 2 |
| | 当年该区域创新券使用额（万元） | 2 |
| | 当年该区域本级财政科技拨款（万元） | 1 |
| | 当年该区域本级财政科技拨款较上年增长（百分点） | 1 |
| 特色亮点工作 | 加分项，获得省级以上领导肯定性批示或者综合体建设经验在省内外推广应用，每项 2~3 分，累计不超过 10 分 | |

（2）组织科技攻关，推动产业基础高级化。综合体通过梳理企业技术需求、产业发展等关键共性技术攻关清单，组织龙头企业单独或联合高校院所承接国家和省重大科研攻关任务，开展“卡脖子”技术攻关推动关键技术国产化替代，有力地支持了产业创新发展。65 家综合体组织实施各类科技攻关书 2399 项。

（3）构建全产业链格局，推进产业生态加速形成。综合体通过补链延链、强链造链、串珠成链，构建全产业链格局，壮大了产业集群，逐步打造了新型产业生态。例如，椒江智能马桶产业创新服务综合体引入全国唯一的智能马桶领域质检中心，为企业提供检测服务，并组织浙江大学台州研究院等开展加热器、控制器、清洗器、电磁阀等 4 个关键零部件技术攻关。2015~2019 年产品国抽合格率从 12.5%提升至 100%，推动了全产业链发展。全省 65 家省级综合体所在产业增长值达 5578.4 亿元，同比增长 10.8%；劳动生产率比上年增长的有 54 家，增幅 10%以上的有 23 家，其中舟山现代海洋产业创新服务综合体、秀洲光伏产业创新服务综合体、南湖电子信息产业创新服务综合体全员劳动生产率增幅均在 30%以上。

（4）创新运营管理体制机制，增强综合体发展动力和活力。推行运营主体多元化、运行机制市场化、服务机制数字化，创新体制机制，释放创新活力。65 家综合体由政府牵头、高校院所牵头、专业机构牵头、龙头企业牵头等多种运营主体组成，其集聚的服务机构直接面对市场提供专业化、市场化服务，并且通过打造产业云平台实现数字化服务。

### 5.6.3 杭州市与武汉市的产业链比对分析

以专利为代表，分析对比杭州市和武汉市的科技发展方向。杭州市互联网企业的专利方向主要集中在音视频处理、图像处理、目标检测、车辆识别等技术领域。武汉市互联网企业的专利方向主要集中在软件测试、网络带宽、智能终端、网络平台等技术领域。杭州市的互联网技术要素偏向于新兴互联网技术，武汉市互联网技术要素偏向于传统技术。经分析，武汉市在互联网和相关服务产业的进一步发展，需要引进先进互联网技术产业链，如计算机视觉、云计算等相关新兴互联网技术相关产业以及其上下游配套产业。

对互联网和相关服务的上游进行分析。杭州市的互联网和相关服务业在上游根据关联强度排序前五的产业为：皮革、毛皮、羽毛及其制品和制鞋业，化学纤维制品制造业，公共管理和社会组织业，货币金融和其他金融服务业，道路运输业。很多杭州市的制衣制鞋公司因地制宜，依靠杭州市较好的互联网发展水平，选择互联网经营模式，促进电商发展，使更多资金流向了互联网电商，同时进一步加速互联网产业的发展。

与杭州市相比，武汉市的互联网和相关服务业在本地产业融合方面还具有很大的发展空间。武汉市的优势产业包括光电产业、生物制药产业、钢铁产业等。武汉市可借助互联网产业推广本地优势传统产业，推出“互联网+”模式，将本地优势新兴产业与互联网产业融合，打造高科技产业链。

对互联网和相关服务的下游进行分析。杭州市的互联网和相关服务业在下游根据关联强度排序前五的产业为：电气机械和器材制造业、房地产业、煤炭开采和洗选业、有色金属矿采选业、汽车制造业。杭州市的互联网产业发展后带动了传统制造业和采选业的发展，给电气制造业、矿采选业和房地产业带来了资金投入，并利用互联网相关技术应用到下游产业，促进产业链高新化发展。

武汉市本地的光电产业发展较好，为促进光电产业与互联网产业相互融合并且共同发展，可以打造光电产业与互联网融合的“互联网+”模式，引进提供互联网推广解决方案的相关联的龙头企业。

### 5.6.4 总结与探讨

浙江省的案例在思路上与本书的核心内容有内在一致性，覆盖了足够广的地域，很多实际成效都是对本书中理论与技术方法的直接验证，也为区域产业发展的进一步研究提供了第一手的资料与最真实的实验平台。

案例的很多举措与本书中实施方案有着内在一致性，而且已经取得了阶段性的成效。比如，在强链补链延链、人才聚集以及多渠道资金支持方面，都是本书中精准实施部分给出的实施方案，也在浙江产业创新服务综合体的实际推行中取得了丰硕的成果。

本书写作的出发点与各级政府的诉求高度一致，故可以与政府合作展开更深入的研究，一方面能够直接收集需求，另一方面也可以为政府政策与方案的设计提供理论支持，加速政府治理的现代化。

# 参 考 文 献


程大中. 2008. 中国生产性服务业的水平、结构及影响——基于投入—产出法的国际比较研究[J]. 经济研究, (1): 76-88.

付加锋, 庄贵阳, 高庆先. 2010. 低碳经济的概念辨识及评价指标体系构建[J]. 中国人口・资源与环境, 20(8): 38-43.

韩永辉, 黄亮雄, 王贤彬. 2017. 产业政策推动地方产业结构升级了吗?——基于发展型地方政府的理论解释与实证检验[J]. 经济研究, 52(8): 33-48.

何德旭, 姚战琪. 2008. 中国产业结构调整的效应、优化升级目标和政策措施[J]. 中国工业经济, (5): 46-56.

栾维新, 片峰, 杜利楠, 等. 2014. 河北钢铁产业调整的波及效应及节能减排研究[J]. 中国人口・资源与环境, 24(12): 96-102.

肖雯雯. 2018. 产业超网络建模及其应用研究——以山东省蓝色经济为例[D]. 济南: 山东大学.

赵炳新, 尹翀, 张江华. 2011. 产业复杂网络及其建模——基于山东省实例的研究[J]. 经济管理, 33(7): 139-148.

Bahdanau D, Cho K H, Bengio Y. 2015.Neural machine translation by jointly learning to align and translate[R]. ICLR 2015.

Bordes A, Usunier N, Garcia-Duran A, et al. 2013.Translating embeddings for modeling multi-relational data[J]. Advances in Neural Information Processing Systems, 2: 2787-2795.

Devlin J, Chang M, Lee k, et al. 2019.BERT: pre-training of deep bidirectional transformers for language understanding[EB/OL]. https://aclanthology.org/N19-1423[2022-05-13].

Hochreiter S, Schmidhuber J. 1997. Long short-term memory[J]. Neural Computation, 9(8): 1735-1780.

McNerney J, Fath B D, Silverberg G. 2013.Network structure of inter-industry flows[J]. Physica A: Statistical Mechanics and its Applications, 392(24): 6427-6441.

Schlichtkrull M, Kipf T N, Bloem P, et al. 2018.Modeling relational data with graph convolutional networks[R]. European Semantic Web Conference, 2018.

Vaswani A, Shazeer N, Parmar N, et al. 2017.Attention is all you need[J]. Advances in Neural Information Processing Systems, 30: 5998-6008.